GELLERTS
FABELN

Christian Fürchtegott Gellert

FABELN
UND
ERZÄHLUNGEN

Mit Illustrationen von Johann Wilhelm Meil

Hinstorff Verlag

Nachbemerkung von Andreas Zecher

ISBN 3-356-00238-4

1. Auflage 1989. Lizenz-Nr. 391/240/18/89
Printed in the German Democratic Republic
Bild- und Schmuckauswahl aus der Leipziger Ausgabe von 1763
und Buchgestaltung: Heinz Holzgräbe
Gesamtherstellung: Karl-Marx-Werk Pößneck V15/30
Bestell-Nr. 522 953 8

Die Nachtigall und die Lerche

Die Nachtigall sang einst mit vieler Kunst;
Ihr Lied erwarb der ganzen Gegend Gunst,
Die Blätter in den Gipfeln schwiegen,
Und fühlten ein geheim Vergnügen.
Der Vögel Chor vergaß der Ruh,
Und hörte Philomelen zu.
Aurora selbst verzog am Horizonte,
Weil sie die Sängerin nicht gnug bewundern konnte.
Denn auch die Götter rührt der Schall
Der angenehmen Nachtigall;
Und ihr, der Göttin, ihr zu Ehren,
Ließ Philomele sich noch zweimal schöner hören.
Sie schweigt darauf. Die Lerche naht sich ihr,
Und spricht: »Du singst viel reizender als wir;
Dir wird mit Recht der Vorzug zugesprochen:
Doch eins gefällt uns nicht an dir,
Du singst das ganze Jahr nicht mehr als wenig
Wochen.«

Doch Philomele lacht und spricht:
»Dein bittrer Vorwurf kränkt mich nicht,
Und wird mir ewig Ehre bringen.
Ich singe kurze Zeit. Warum? Um schön zu singen.
Ich folg im Singen der Natur;
Solange sie gebeut, solange sing ich nur;

Sobald

Sobald sie nicht gebeut, so hör ich auf zu singen;
Denn die Natur läßt sich nicht zwingen.«

O Dichter, denkt an Philomelen,
Singt nicht, solang ihr singen wollt.
Natur und Geist, die euch beseelen,
Sind euch nur wenig Jahre hold.
Soll euer Witz die Welt entzücken:
So singt, solang ihr feurig seid,
Und öffnet euch mit Meisterstücken
Den Eingang in die Ewigkeit.
Singt geistreich der Natur zu Ehren,
Und scheint euch die nicht mehr geneigt:
So eilt, um rühmlich aufzuhören,
Eh ihr zu spät mit Schande schweigt.
Wer, sprecht ihr, will den Dichter zwingen?
Er bindet sich an keine Zeit.
So fahrt denn fort, noch alt zu singen,
Und singt euch um die Ewigkeit.

Die Nachtigall und die Lerche

Der Zeisig

Ein Zeisig wars und eine Nachtigall,
Die einst zu gleicher Zeit vor Damons Fenster hingen.
Die Nachtigall fing an, ihr göttlich Lied zu singen,
Und Damons kleinem Sohn gefiel der süße Schall.
»Ach welcher singt von beiden doch so schön?
Den Vogel möcht ich wirklich sehn!«
Der Vater macht ihm diese Freude,
Er nimmt die Vögel gleich herein.
»Hier«, spricht er, »sind sie alle beide;
Doch welcher wird der schöne Sänger sein?
Getraust du dich, mir das zu sagen?«
Der Sohn läßt sich nicht zweimal fragen,
Schnell weist er auf den Zeisig hin:
»Der«, spricht er, »muß es sein, so wahr ich ehrlich
bin.
Wie schön und gelb ist sein Gefieder!
Drum singt er auch so schöne Lieder;
Dem andern sieht mans gleich an seinen Federn an,
Daß er nichts Kluges singen kann.«

Sagt, ob man im gemeinen Leben
Nicht oft wie dieser Knabe schließt?
Wem Farb und Kleid ein Ansehn geben,

Der Zeisig

Der hat Verstand, so dumm er ist.
Stax kömmt, und kaum ist Stax erschienen:
So hält man ihn auch schon für klug.
Warum? Seht nur auf seine Mienen,
Wie vorteilhaft ist jeder Zug!
Ein andrer hat zwar viel Geschicke;
Doch weil die Miene nichts verspricht:
So schließt man, bei dem ersten Blicke,
Aus dem Gesicht, aus der Perücke,
Daß ihm Verstand und Witz gebricht.

Der Tanzbär

Ein Bär, der lange Zeit sein Brot ertanzen müssen,
Entrann, und wählte sich den ersten Aufenthalt.
Die Bären grüßten ihn mit brüderlichen Küssen,
Und brummten freudig durch den Wald.
Und wo ein Bär den andern sah:
So hieß es: Petz ist wieder da!
Der Bär erzählte drauf, was er in fremden Landen
Für Abenteuer ausgestanden,
Was er gesehn, gehört, getan!
Und fing, da er vom Tanzen redte,
Als ging er noch an seiner Kette,
Auf polnisch schön zu tanzen an.
Die Brüder, die ihn tanzen sahn,
Bewunderten die Wendung seiner Glieder,
Und gleich versuchten es die Brüder;
Allein anstatt, wie er, zu gehn:
So konnten sie kaum aufrecht stehn,
Und mancher fiel die Länge lang danieder.
Um desto mehr ließ sich der Tänzer sehn;
Doch seine Kunst verdroß den ganzen Haufen.
Fort, schrien alle, fort mit dir!
Du Narr willst klüger sein, als wir?
Man zwang den Petz, davonzulaufen.

Sei

Der Tanzbär

Sei nicht geschickt, man wird dich wenig hassen,
Weil dir dann jeder ähnlich ist;
Doch je geschickter du vor vielen andern bist;
Je mehr nimm dich in acht, dich prahlend sehn zu lassen.
Wahr ists, man wird auf kurze Zeit
Von deinen Künsten rühmlich sprechen;
Doch traue nicht, bald folgt der Neid,
Und macht aus der Geschicklichkeit
Ein unvergebliches Verbrechen.

Die

Die Geschichte von dem Hute

Das erste Buch

Der erste, der mit kluger Hand,
Der Männer Schmuck, den Hut, erfand,
Trug seinen Hut unaufgeschlagen;
Die Krempen hingen flach herab,
Und dennoch wußt er ihn zu tragen,
Daß ihm der Hut ein Ansehn gab.

Er starb, und ließ bei seinem Sterben
Den runden Hut dem nächsten Erben.

Der Erbe weiß den runden Hut
Nicht recht gemächlich anzugreifen;
Er sinnt, und wagt es kurz und gut,
Er wagts, zwo Krempen aufzusteifen.
Drauf läßt er sich dem Volke sehn;
Das Volk bleibt vor Verwundrung stehn,
Und schreit: Nun läßt der Hut erst schön!

Er starb, und ließ bei seinem Sterben
Den aufgesteiften Hut dem Erben.

Der Erbe nimmt den Hut und schmält.
Ich, spricht er, sehe wohl, was fehlt.
Er setzt darauf mit weisem Mute
Die dritte Krempe zu dem Hute.

O,

O, rief das Volk, der hat Verstand!
Seht, was ein Sterblicher erfand!
Er, er erhöht sein Vaterland.

Er starb, und ließ bei seinem Sterben
Den dreifach spitzen Hut dem Erben.

Der Hut war freilich nicht mehr rein;
Doch sagt, wie konnt es anders sein?
Er ging schon durch die vierten Hände.
Der Erbe färbt ihn schwarz, damit er was erfände.
Beglückter Einfall! rief die Stadt,
So weit sah keiner noch, als der gesehen hat.
Ein weißer Hut ließ lächerlich.
Schwarz, Brüder, schwarz! so schickt es sich.

Er starb, und ließ bei seinem Sterben
Den schwarzen Hut dem nächsten Erben.

Der Erbe trägt ihn in sein Haus,
Und sieht, er ist sehr abgetragen;
Er sinnt, und sinnt das Kunststück aus,
Ihn über einen Stock zu schlagen.
Durch heiße Bürsten wird er rein;
Er faßt ihn gar mit Schnüren ein.
Nun geht er aus, und alle schreien:
Was sehn wir? Sind es Zaubereien?
Ein neuer Hut! O glücklich Land,
Wo Wahn und Finsternis verschwinden!
Mehr kann kein Sterblicher erfinden,
Als dieser große Geist erfand.

Er starb, und ließ bei seinem Sterben
Den umgewandten Hut dem Erben.

Erfindung macht die Künstler groß,
Und bei der Nachwelt unvergessen;
Der Erbe reißt die Schnüre los,
Umzieht den Hut mit goldnen Dressen,
Verherrlicht ihn durch einen Knopf,
Und drückt ihn seitwärts auf den Kopf.
Ihn sieht das Volk, und taumelt vor Vergnügen.
Nun ist die Kunst erst hoch gestiegen!
Ihm, schrie es, ihm allein ist Witz und Geist verliehn!
Nichts sind die andern gegen ihn!

Er starb, und ließ bei seinem Sterben
Den eingefaßten Hut dem Erben.
Und jedesmal ward die erfundne Tracht
Im ganzen Lande nachgemacht.

Ende des ersten Buchs.

Was mit dem Hute sich noch ferner zugetragen,
Will ich im zweiten Buche sagen.
Der Erbe ließ ihm nie die vorige Gestalt.
Das Außenwerk ward neu, er selbst, der Hut, blieb alt.
Und, daß ichs kurz zusammenzieh,
Es ging dem Hute fast, wie der Philosophie.

Der Greis

Von einem Greise will ich singen,
Der neunzig Jahr die Welt gesehn.
Und wird mir itzt kein Lied gelingen:
So wird es ewig nicht geschehn.

Von einem Greise will ich dichten,
Und melden, was durch ihn geschah,
Und singen, was ich in Geschichten,
Von ihm, von diesem Greise, sah.

Singt, Dichter, mit entbranntem Triebe,
Singt euch berühmt an Lieb und Wein!
Ich laß euch allen Wein und Liebe,
Der Greis nur soll mein Loblied sein.

Singt von Beschützern ganzer Staaten,
Verewigt euch und ihre Müh!
Ich singe nicht von Heldentaten,
Der Greis sei meine Poesie.

O Ruhm, dring in der Nachwelt Ohren,
Du Ruhm, den sich mein Greis erwarb!
Hört, Zeiten, hörts! Er ward geboren,
Er lebte, nahm ein Weib, und starb.

Das

Das Füllen

Ein Füllen, das die schwere Bürde
Des stolzen Reuters nie gefühlt,
Den blanken Zaum für eine Würde
Der zugerittnen Pferde hielt;
Dies Füllen lief nach allen Pferden,
Worauf es einen Mann erblickt,
Und wünschte, bald ein Roß zu werden,
Das Sattel, Zaum und Reuter schmückt.

Wie selten kennt die Ehrbegierde
Das Glück, das sie zu wünschen pflegt!
Das Reutzeug, die gewünschte Zierde,
Wird diesem Füllen aufgelegt.
Man führt es streichelnd hin und wider,
Daß es den Zwang gewohnen soll;
Stolz geht das Füllen auf und nieder,
Und stolz gefällt sichs selber wohl.

Es kam mit prächtigen Gebärden
Zurück in den verlaßnen Stand,
Und machte wiehernd allen Pferden
Sein neu erhaltnes Glück bekannt.
Ach! sprach es zu dem nächsten Gaule,
Mich lobten alle, die mich sahn;

Ein

Das Füllen

Ein roter Zaum lief aus dem Maule
Die schwarzen Mähnen stolz hinan.

Allein wie gings am andern Tage?
Das Füllen kam betrübt zurück,
Und schwitzend sprach es: Welche Plage
Ist nicht mein eingebildet Glück!
Zwar dient der Zaum mich auszuputzen;
Doch darum ward er nicht gemacht.
Er ist zu meines Reuters Nutzen
Und meiner Sklaverei erdacht.

Was wünscht man sich bei jungen Tagen?
Ein Glück, das in die Augen fällt;
Das Glück, ein prächtig Amt zu tragen,
Das keiner doch zu spät erhält.
Man eilt vergnügt, es zu erreichen,
Und, seiner Freiheit ungetreu,
Eilt man nach stolzen Ehrenzeichen,
Und desto tiefrer Sklaverei.

Chloris

Aus Eifersucht des Lebens satt,
Warf Chloris sich betrübt auf ihre Lagerstatt;
Und ihren Buhler recht zu kränken,
Der einen Blick nach Sylvien getan,
Rief sie die Venus brünstig an,
Ihr einen leichten Tod zu schenken.

Vielleicht war dies Gebet so eifrig nicht gemeint.
Verliebt und jung zu sein, und um den Tod zu flehen,
Wem dies nicht widersprechend scheint,
Der muß die Liebe schlecht verstehen.

Doch mitten in der größten Pein
Sieht Chloris ihren Freund geputzt ins Zimmer treten,
Und plötzlich hört sie auf zu beten,
Und wünscht nicht mehr entseelt zu sein.
Er sagt ihr tausend Schmeicheleien,
Er seufzt, er fleht, er schwört, er küßt.
O Chloris! laß dichs nicht gereuen,
Daß du noch nicht gestorben bist;
Dein Damon schwört, dich ewig treu zu lieben,
Wie könntest du ihn doch durch deinen Tod betrüben!

Der meisten Schönen Zorn gleicht ihrer Zärtlichkeit,
Sie dauern beide kurze Zeit:
Und Chloris ließ sich bald versöhnt von dem umfangen,
Den sie vor kurzem noch des Hasses würdig fand.
Sie klopft ihn auf die braunen Wangen,
Und streichelt ihn mit buhlerischer Hand.

Doch schnell erstarren ihre Hände.
Wie, Venus! Nähert sich ihr Ende?
Sie fällt in sanfter Ohnmacht hin;
Ein kleiner Schnabel wird aus ihrem kleinen Kinn;
Zu Flügeln werden ihre Hände;
Ihr Busen wird mit einem Kropf verbaut;
Und Federn überziehn die Haut.
Ists möglich, daß ich dieses glaube?
Ja! Chloris wird zu einer Taube.

Wie zittert ihr Geliebter nicht!
Hier sieht er seine Schöne fliegen.
Sie fliegt ihm dreimal ums Gesicht,
Als wollte sie sich noch durch einen Kuß vergnügen.
Worzu sie sonst die Neigung angetrieben,
Das scheint sie auch, als Taube, noch zu lieben.

Das Putzen war ihr Zeitvertreib.
O seht, wie putzt sie ihren Leib!
Sie rupft die Federn aus, um sich recht glatt zu machen;
Sie fliegt ans Waschfaß hin, tut, was sie sonst getan;
Fängt Hals und Brust zu baden an.

Wie

Chloris

Wie schön hör ich die Taube lachen!
Fragt nicht, was sie zu lachen macht!
Sie hat, als Chloris, schon oft über nichts gelacht.

Itzt naht sie sich dem großen Spiegel,
Vor dem sie manchen Tag in Mienen sich geübt,
Besieht den weißen Hals, bewundert ihre Flügel,
Und fängt schon an, in sich verliebt,
Mit jüngferlichem Stolz sich kostbar zu gebärden.
Ach Götter! ruft ihr Freund betrübt,
Laßt diese Taube doch zur Chloris wieder werden.

Umsonst, spricht Venus, ist dein Flehn;
Zur Taube schicket sie sich schön,
Und niemals werd ich ihr die Menschheit wieder-
geben.
Sie hat geseufzt, gebuhlt, gelacht,
Sich stets geputzt, und nie gedacht;
Als Taube kann sie recht nach ihrer Neigung leben.

O wenn sich nur die Göttin nicht entschließt,
Die Schönen alle zu verwandeln,
Die ebenso, wie Chloris, handeln!
Man sagt, daß sie es willens ist.
Ach, Göttin, ach! wie zahlreich wird auf Erden
Alsdann das Volk der Tauben werden!
Mit einer Frau wird man zu Bette gehn,
Und früh auf seiner Brust ein Täubchen sitzen sehn.
Mich dauert im voraus manch reizendes Gesicht.
O liebe Venus, tu es nicht!

Der Kranke

Ein Mann, den lange schon die Gliederkrankheit plagte,
Tat alles, was man ihm nur sagte,
Und konnte doch von seiner Pein
Auf keine Weise sich befrein.
Ein altes Weib, der er sein Elend klagte,
Schlug ihm geheimnisvoll ein magisch Mittel vor.
»Ihr müßt Euch«, zischt sie ihm ins Ohr,
»Auf eines Frommen Grab bei früher Sonne setzen,
Und Euch mit dem gefallnen Tau
Dreimal die Hand, dreimal den Schenkel netzen;
Es hilft, gedenkt an eine Frau.«

Der Kranke tat, was ihm die Alte sagte;
Denn sagt, was tut man nicht, ein Übel los zu sein?
Er ging zum Kirchhof hin, und zwar, sobald es tagte,
Und trat an einen Leichenstein,
Und las: »Wer dieser Mann gewesen,
Läßt, Wandrer, dich sein Grabmal lesen:
Er war das Wunder seiner Zeit,
Das Muster wahrer Frömmigkeit;
Und, daß man viel mit wenig Worten sagt,
Er ists, den Kirch und Schul, und Stadt und Land beklagt.«

 Hier

Hier setzt sich der Geplagte nieder,
Benetzt die halb gelähmten Glieder;
Doch ohne Wirkung bleibt die Kur,
Sein Gliederschmerz vermehrt sich nur.
Er greift betrübt nach seinem Stabe,
Schleicht von des frommen Mannes Grabe,
Und setzt sich auf das nächste Grab,
Dem keine Schrift ein Denkmal gab;
Hier nahm sein Schmerz allmählich ab.
Er braucht sogleich sein Mittel wieder;
Schnell lebten die gelähmten Glieder,
Und, ohne Schmerz und ohne Stab,
Verließ er dieses fromme Grab.
»Ach«, rief er, »läßt kein Stein mich lesen,
Wer dieser fromme Mann gewesen?«
Der Küster kam von ungefähr herbei;
Den fragt der Mann, wer hier begraben sei?
Der Küster läßt sich lange fragen,
Als könnt ers ohne Scheu nicht sagen.
»Ach!« hub er endlich seufzend an:
»Verzeih mirs Gott! es war ein Mann,
Dem, weil er Ketzereien glaubte,
Man kaum ein ehrlich Grab erlaubte;
Ein Mann, der lose Künste trieb,
Komödien und Verse schrieb;
Er war, wie ich mit Recht behaupte,
Ein Neuling und ein Bösewicht.«
»Nein!« sprach der Mann, »das war er nicht,
So gottlos ihn die Leute schalten;
Doch jener dort, den ihr für fromm gehalten,
Von dem sein Grab so rühmlich spricht,
Der war gewiß ein Bösewicht.«

Der

Der Fuchs und die Elster

Zur Elster sprach der Fuchs: »O, wenn ich fragen mag,
Was sprichst du doch den ganzen Tag?
Du sprichst wohl von besondern Dingen?«
»Die Wahrheit«, rief sie, »breit ich aus.
Was keines weiß herauszubringen,
Bring ich durch meinen Fleiß heraus,
Vom Adler bis zur Fledermaus.«

»Dürft ich«, versetzt der Fuchs, »mit Bitten dich beschweren:
So wünscht ich mir, etwas von deiner Kunst zu hören.«

So wie ein weiser Arzt, der auf der Bühne steht,
Und seine Künste rühmt, bald vor, bald rückwärts geht,
Ein seidnes Schnupftuch nimmt, sich räuspert, und dann spricht:
So lief die Elster auch den Ast bald auf, bald nieder,
Und strich an einem Zweig den Schnabel hin und wider,
Und macht ein sehr gelehrt Gesicht.
Drauf fängt sie ernsthaft an, und spricht:
»Ich diene gern mit meinen Gaben,

Denn

Denn ich behalte nichts für mich.
Nicht wahr, Sie denken doch, daß Sie vier Füße
haben?
Allein, Herr Fuchs, Sie irren sich.
Nur zugehört! Sie werdens finden,
Denn ich beweis es gleich mit Gründen.

Ihr Fuß bewegt sich, wenn er geht,
Und er bewegt sich nicht, solang er stillesteht;
Doch merken Sie, was ich itzt sagen werde,
Denn dieses ist es noch nicht ganz.
Sooft Ihr Fuß nur geht, so geht er auf der Erde.
Betrachten Sie nun Ihren Schwanz.
Sie sehen, wenn Ihr Fuß sich reget,
Daß auch Ihr Schwanz sich mit beweget;
Itzt ist Ihr Fuß bald hier, bald dort,
Und so geht auch Ihr Schwanz mit auf der Erde fort,
Sooft Sie nach den Hühnern reisen.
Daraus zieh ich nunmehr den Schluß:
Ihr Schwanz, das sei Ihr fünfter Fuß;
Und dies, Herr Fuchs, war zu beweisen.«

Ja, dieses hat uns noch gefehlt!
Wie freu ich mich, daß es bei Tieren
Auch große Geister gibt, die alles demonstrieren!
Mir hats der Fuchs für ganz gewiß erzählt.
»Je minder sie verstehn«, sprach dieses schlaue Vieh,
»Um desto mehr beweisen sie.«

Der Fuchs und die Elster

Das Land der Hinkenden

Vorzeiten gabs ein kleines Land,
Worin man keinen Menschen fand,
Der nicht gestottert, wenn er redte,
Nicht, wenn er ging, gehinket hätte;
Denn beides hielt man für galant.
Ein Fremder sah den Übelstand;
Hier, dacht er, wird man dich im Gehn bewundern müssen;
Und ging einher mit steifen Füßen.
Er ging, ein jeder sah ihn an,
Und alle lachten, die ihn sahn,
Und jeder blieb vor Lachen stehen,
Und schrie: Lehrt doch den Fremden gehen!

Der Fremde hielts für seine Pflicht,
Den Vorwurf von sich abzulehnen.
Ihr, rief er, hinkt; ich aber nicht;
Den Gang müßt ihr euch abgewöhnen!
Der Lärmen wird noch mehr vermehrt,
Da man den Fremden sprechen hört.
Er stammelt nicht; genug zur Schande!
Man spottet sein im ganzen Lande.

Gewohnheit macht den Fehler schön,
Den wir von Jugend auf gesehn.
Vergebens wirds ein Kluger wagen,
Und, daß wir töricht sind, uns sagen.
Wir selber halten ihn dafür,
Bloß, weil er klüger ist, als wir.

Inkle und Yariko

Die Liebe zum Gewinst, die uns zuerst gelehrt,
Wie man auf leichtem Holz durch wilde Fluten fährt;
Die uns beherzt gemacht, das liebste Gut, das Leben,
Der ungewissen See auf Brettern preiszugeben;
Die Liebe zum Gewinst, der deutliche Begriff
Von Vorteil und Verlust, trieb Inklen auf ein Schiff.
Er opferte der See die Kräfte seiner Jugend;
Denn Handeln war sein Witz, und Rechnen seine Tugend.

Ihn lockt das reiche Land, das wir durchs Schwert bekehrt,
Das wir das Christentum und unsern Geiz gelehrt.
Er sieht Amerika; doch nah an diesem Lande
Zerreißt der Sturm sein Schiff. Zwar glückt es ihm, am Strande
Dem Tode zu entgehn; allein der Wilden Schar
Fiel auf die Briten los; und wer entkommen war,
Den fraß ihr hungrig Schwert. Nur Inkle soll noch leben;
Die Flucht in einen Wald muß ihm Beschirmung geben.
Vom Laufen atemlos, wirft, mit verwirrtem Sinn,
Der Brite sich zuletzt bei einem Baume hin;
Umringt mit naher Furcht und ungewissem Grämen,

Ob

Ob Hunger oder Schwert ihm wird das Leben
nehmen?

Ein plötzliches Geräusch erschreckt sein schüchtern
Ohr.
Ein wildes Mädchen springt aus dem Gebüsch hervor,
Und sieht mit schnellem Blick den Europäer liegen.
Sie stutzt. Was wird sie tun? Bestürzt zurücke fliegen?
O nein! so streng und deutsch sind wilde Schönen
nicht.
Sie sieht den Fremdling an; sein rund und weiß
Gesicht,
Sein Kleid, sein lockicht Haar, die Anmut seiner
Blicke
Gefällt der Schönen wohl, hält sie mit Lust zurücke.

Auch Inklen nimmt dies Kind bei wilder Anmut ein.
Unwissend in der Kunst, durch Zwang verstellt zu
sein,
Verrät sie durch den Blick die Regung ihrer Triebe;
Ihr Auge sprach von Gunst und bat um Gegenliebe.
Die Indianerin war liebenswert gebaut.
Durch Mienen redt dies Paar, durch Mienen wirds
vertraut.
Sie winkt ihm mit der Hand, er folget ihrem Schritte.
Mit Früchten speist sie ihn in einer kleinen Hütte,
Und zeigt ihm einen Quell, vom Durst sich zu befrein.
Durch Lächeln rät sie ihm, getrost und froh zu sein.
Sie sah ihn zehnmal an, und spielt an seinen Haaren,
Und schien verwundrungsvoll, daß sie so lockicht
waren.

Sooft der Morgen kömmt: so machte Yariko
Durch neuen Unterhalt den lieben Fremdling froh,

 Und

Inkle und Yariko

Und zeigt durch Zärtlichkeit, mit jedem neuen Tage,
Was für ein treues Herz in einer Wilden schlage!
Sie bringt ihm manch Geschenk, und schmückt sein kleines Haus
Mit mancher bunten Haut, mit bunten Federn aus;
Und eine neue Tracht von schönen Muschelschalen
Muß, wenn sie ihn besucht, um ihre Schultern prahlen.
Zur Nachtzeit führt sie ihn zu einem Wasserfall,
Und unter dem Geräusch und Philomelens Schall
Schläft unser Fremdling ein. Aus zärtlichem Erbarmen
Bewacht sie jede Nacht den Freund in ihren Armen.
Wird in Europa wohl ein Herz so edel sein?

Die Liebe flößt dem Paar bald eine Mundart ein.
Sie unterreden sich durch selbst erfundne Töne.
Kurz, er versteht sein Kind, und ihn versteht die Schöne.
Oft sagt ihr Inkle vor, was seine Vaterstadt
Für süße Lebensart, für Kostbarkeiten hat.
Er wünscht, sie neben sich in London einst zu sehen;
Sie hörts, und zürnet schon, daß es noch nicht geschehen.
Dort, spricht er, kleid ich dich; und zeiget auf sein Kleid;
In lauter bunten Zeug, von größrer Kostbarkeit;
In Häusern, halb von Glas, bespannt mit raschen Pferden,
Sollst du in dieser Stadt bequem getragen werden.

Vor Freuden weint dies Kind, und sieht, indem sie weint,
Schon nach der offnen See, ob noch kein Schiff erscheint.

Es

Es glückt ihr, was sie wünscht, in kurzem zu entdecken.
Sie sieht ein Schiff am Strand, und läuft mit frohem Schrecken,
Sucht ihren Fremdling auf, vergißt ihr Vaterland
Aus Treue gegen ihn, und eilt, an seiner Hand,
So freudig in die See, als ob das Schiff im Meere,
In das sie steigen will, ein Haus in London wäre.

Das Schiff setzt seinen Lauf mit gutem Winde fort,
Und fliegt nach Barbados*; doch dieses war der Ort,
Wo Inkle ganz bestürzt sein Schicksal überdachte,
Als schnell in seiner Brust der Kaufmannsgeist erwachte.
Er kam mit leerer Hand aus Indien zurück;
Dies war für seinen Geiz ein trauriges Geschick.
So hab ich, fing er an, um arm zurückzukommen,
Die fürchterliche See, mit Müh und Angst, durchschwommen?
Er stillt in kurzer Zeit den Hunger nach Gewinn,
Und führt Yariko zum Sklavenhändler hin.
Hier wird die Dankbarkeit in Tyrannei verwandelt,
Und die, die ihn erhielt, zur Sklaverei verhandelt.

Sie fällt ihm um den Hals, sie fällt vor ihm aufs Knie,
Sie fleht, sie weint, sie schreit. Nichts! Er verkaufet sie.
Mich, die ich schwanger bin, mich! fährt sie fort zu klagen.

* Barbados ist eine von den caribischen Inseln, welche den Engländern zugehöret. Es wird ein großer Sklavenhandel daselbst getrieben.

Bewegt ihn dies? Ach ja! Sie höher anzuschlagen.
Noch drei Pfund Sterling mehr! Hier, spricht der Brite froh,
Hier, Kaufmann, ist das Weib, sie heißt Yariko!

O Inkle! du Barbar, dem keiner gleich gewesen;
O möchte deinen Schimpf ein jeder Weltteil lesen!
Die größte Redlichkeit, die allergrößte Treu
Belohnst du, Bösewicht! noch gar mit Sklaverei?
Ein Mädchen, das für dich ihre eigen Leben wagte,
Das dich dem Tod entriß, und ihrem Volk entsagte,
Mit dir das Meer durchstrich, und, bei der Glieder Reiz,
Das beste Herz besaß, verhandelst du aus Geiz?
Sei stolz! Kein Bösewicht bringt dich um deinen Namen.
Nie wird es möglich sein, dein Laster nachzuahmen.

Der

Der Kuckuck

Der Kuckuck sprach mit einem Star,
Der aus der Stadt entflohen war.
»Was spricht man«, fing er an zu schreien,
»Was spricht man in der Stadt von unsern Melodeien?
Was spricht man von der Nachtigall?«
»Die ganze Stadt lobt ihre Lieder.«
»Und von der Lerche?« rief er wieder.
»Die halbe Stadt lobt ihrer Stimme Schall.«
»Und von der Amsel?« fuhr er fort.
»Auch diese lobt man hier und dort.« –
»Ich muß dich doch noch etwas fragen:
Was«, rief er, »spricht man denn von mir?«
»Das«, sprach der Star, »das weiß ich nicht zu sagen;
Denn keine Seele redt von dir.«
»So will ich«, fuhr er fort, »mich an dem Undank rächen,
Und ewig von mir selber sprechen.«

Der Kuckuck

Das Gespenst

Ein Hauswirt, wie man mir erzählt,
Ward lange Zeit durch ein Gespenst gequält.
Er ließ, des Geists sich zu erwehren,
Sich heimlich das Verbannen lehren;
Doch kraftlos blieb der Zauberspruch.
Der Geist entsetzte sich vor keinen Charakteren,
Und gab, in einem weißen Tuch,
Ihm alle Nächte den Besuch.

Ein Dichter zog in dieses Haus.
Der Wirt, der bei der Nacht nicht gern allein gewesen,
Bat sich des Dichters Zuspruch aus,
Und ließ sich seine Verse lesen.
Der Dichter las ein frostig Trauerspiel,
Das, wo nicht seinem Wirt, doch ihm sehr wohl gefiel.

Der Geist, den nur der Wirt, doch nicht der Dichter sah,
Erschien, und hörte zu; es fing ihn an zu schauern;
Er konnt es länger nicht, als einen Auftritt, dauern:
Denn, eh der andre kam, so war er nicht mehr da.
Der Wirt, von Hoffnung eingenommen,
Ließ gleich die andre Nacht den Dichter wiederkommen.
Der Dichter las, der Geist erschien;

Doch ohne lange zu verziehn.
Gut! sprach der Wirt bei sich, dich will ich bald verjagen;
Kannst du die Verse nicht vertragen?

Die dritte Nacht blieb unser Wirt allein.
Sobald es zwölfe schlug, ließ das Gespenst sich blicken.
Johann! fing drauf der Wirt gewaltig an zu schrein,
Der Dichter (lauft geschwind!) soll von der Güte sein,
Und mir sein Trauerspiel auf eine Stunde schicken.
Der Geist erschrak, und winkte mit der Hand,
Der Diener sollte ja nicht gehen.
Und kurz, der weiße Geist verschwand,
Und ließ sich niemals wieder sehen.

Ein jeder, der dies Wunder liest,
Zieh sich daraus die gute Lehre,
Daß kein Gedicht so elend ist,
Daß nicht zu etwas nützlich wäre.
Und wenn sich ein Gespenst vor schlechten Versen scheut!
So kann uns dies zum großen Troste dienen.
Gesetzt, daß sie zu unsrer Zeit
Auch legionenweis erschienen:
So wird, um sich von allen zu befrein,
An Versen doch kein Mangel sein.

Der Selbstmord

O Jüngling, lern aus der Geschichte,
Die dich vielleicht zu Tränen zwingt,
Was für bejammernswerte Früchte
Die Liebe zu den Schönen bringt!

Ein Beispiel wohlgezogner Jugend,
Des alten Vaters Trost und Stab,
Ein Jüngling, der durch frühe Tugend
Zur größten Hoffnung Anlaß gab;

Den zwang die Macht der schönen Triebe,
Climenen zärtlich nachzugehn.
Er seufzt, er bat um Gegenliebe;
Allein vergebens war sein Flehn.

Fußfällig klagt er ihr sein Leiden.
Umsonst! Climene heißt ihn fliehn.
Ja, schreit er, ja, ich will dich meiden,
Ich will mich ewig dir entziehn.

Er reißt den Degen aus der Scheide,
Und – o was kann verwegner sein!
Kurz, er besieht die Spitz und Schneide,
Und steckt ihn langsam wieder ein.

 Die

Der Selbstmord

Die Betschwester

Die frömmste Frau in unsrer Stadt,
In Kleidern fromm, und fromm in Mienen,
Die stets den Mund voll Andacht hat,
Wird diese nicht ein Lied verdienen?

Wie lehrreich ist ihr Lebenslauf!
Kaum steht die fromme Frau von ihrem Lager auf;
Kaum tönt der Klang vom achten Stundenschlage:
So sucht sie das Gebet zu dem vorhandnen Tage.
Und ob sie gleich den Schritt in sechzig schon getan:
So ruft sie doch den Herrn noch heut um Keuschheit an.
Und ob sie gleich noch nie sich satt gegessen:
So fleht sie doch um Mäßigkeit im Essen.
Und ob sie gleich auf alle Pfänder leiht:
So seufzt sie doch um Trost bei ihrer Dürftigkeit.

Welch redlich Herz! Welch heiliges Vertrauen!
Sie liest das Jahr hindurch die Bibel zweimal aus,
Und reißt dadurch ihr ganzes Haus
Auf ewig aus des Teufels Klauen.

Zwölf Lieder stimmt sie täglich an.
Wer kömmt? Ists nicht ein armer Mann?
Geh, Frecher! willst du sie vielleicht im Singen stören?

Nein

Nein, wenn sie singt, kann sie nicht hören.
Geh nur, und hungre, wie zuvor.
Sie hebt ihr Herz zu Gott empor;
Soll sie dies Herz vom Himmel lenken,
Und itzt an einen Armen denken?

Sie singt, und trägt das Essen singend auf.
Sie ißt, und schmält auf böser Zeiten Lauf;
Allein wer klopft schon wieder an die Türe?
Ein armes Weib, die keinen Bissen Brot –
»Geht, quält mich nicht mit Eurer Not,
Wenn ich die Hand zum Munde führe.
Nicht wahr, Ihr singt und betet nicht?
Seid fromm, und denkt an Eure Pflicht:
Der Herr vergißt die Seinen nicht.
Wenn seht Ihr mich denn betteln gehen?
Allein man muß zu Gott auch brünstig schrein und flehen.«

Doch ist die liebe fromme Frau
Nicht gar zu hart, nicht zu genau?
Wohnt nicht in ihr mehr Kaltsinn als Erbarmen?
Nein, nein! Sie dient und hilft den Armen;
Sie bessert sie durch Vorwurf und Verweis,
Und weist sie zu Gebet und Fleiß;
Ist dieses nicht der Schrift Geheiß?
Sie dient ja gern mit ihren Gütern,
Allein nur redlichen Gemütern.
Ist wohl ein frommes Weib in unsrer ganzen Stadt,
Das, in der Not, bei ihr nicht Zuflucht hat?
Sie mag ihr auch die kleinste Zeitung bringen:
So eilt sie doch, dem Weibe beizuspringen.

Ach

Ach ja! Beatens Herz ist willig und bereit,
Die Welt mag noch soviel an ihr zu tadeln finden.
Nicht nur den Lebenden nützt ihre Mildigkeit;
O nein! Sie weiß sich auch die Toten zu verbinden.
Wenn wird ein Kind zur Gruft gebracht,
Um dessen Sarg ihr Kranz sich nicht verdient gemacht?
Wenn sprechen nicht die Leichengäste:
Beatens Kranz war doch der beste!
Welch schönes Kruzifix! Von wem wird dieses sein?
Beate schickts und wills dem Leichnam weihn.
Das fromme Weib! Erlebt sie mein Erblassen:
So wird sie meinen Sarg gewiß versilbern lassen.

Sie kleidet Kanzel und Altar,
Und wird sie künftigs neue Jahr,
So sehr die andern sie beneiden,
Zum dritten Male doch bekleiden.
Man wirft ihr vor, sie solls aus Ehrsucht tun;
Noch kann ihr mildes Herz nicht ruhn.
Wer wars, der itzt in die Kollekte
Mit langsam schlauer Hand ein volles Briefchen steckte?
Beate wars, sie leiht dem Herrn,
Und was sie gibt, das gibt sie gern.
Was kann denn sie dafür, daß es die Leute sehen?

Beate! laß die Lästrer schmähen,
Und laß sie aus Verleumdung sprechen,
Du sollst die Allmacht nur bestechen,
Daß für den Wucher, den du treibst,
Du einstens ungestrafet bleibst.
Laß dich von andern spöttisch richten,
Als pflegtest du der Welt gern Laster anzudichten;

 Als

Als wäre dies für dich die liebste Neuigkeit,
Wenn andern Not und Unglück dräut;
Als hättest du nichts als der Tugend Schein.
Schweigt, Spötter, schweigt! Dies kann nicht sein;
Denn betend steht sie auf, und singend schläft sie ein.

Der Blinde und der Lahme

Von ungefähr muß einen Blinden,
Ein Lahmer auf der Straße finden,
Und jener hofft schon freudenvoll,
Daß ihn der andre leiten soll.

»Dir«, spricht der Lahme, »beizustehen?
Ich armer Mann kann selbst nicht gehen;
Doch scheints, daß du zu einer Last
Noch sehr gesunde Schultern hast.

Entschließe dich, mich fortzutragen:
So will ich dir die Stege sagen:
So wird dein starker Fuß mein Bein,
Mein helles Auge deines sein.«

Der Lahme hängt, mit seinen Krücken,
Sich auf des Blinden breiten Rücken.
Vereint wirkt also dieses Paar,
Was einzeln keinem möglich war.

Du hast das nicht, was andre haben,
Und andern mangeln deine Gaben;

Aus

Der Blinde und der Lahme

Aus dieser Unvollkommenheit
Entspringet die Geselligkeit.

Wenn jenem nicht die Gabe fehlte,
Die die Natur für mich erwählte:
So würd er nur für sich allein,
Und nicht für mich bekümmert sein.

Beschwer die Götter nicht mit Klagen!
Der Vorteil, den sie dir versagen,
Und jenem schenken, wird gemein,
Wir dürfen nur gesellig sein.

Der Hund

Phylax, der so manche Nacht
Haus und Hof getreu bewacht,
Und oft ganzen Diebesbanden
Durch sein Bellen widerstanden;
Phylax, dem Lips Tullian,
Der doch gut zu stehlen wußte,
Selber zweimal weichen mußte;
Diesen fiel ein Fieber an.

Alle Nachbarn gaben Rat.
Krummholzöl und Mithridat
Mußte sich der Hund bequemen,
Wider Willen einzunehmen.
Selbst des Nachbar Gastwirts Müh,
Der vordem in fremden Landen,
Als ein Doktor, ausgestanden,
War vergebens bei dem Vieh.

Kaum erscholl die schlimme Post,
Als von ihrer Mittagskost,
Alle Brüder und Bekannten,
Phylax zu besuchen, rannten.
Pantelon, sein bester Freund,
Leckt ihm an dem heißen Munde.

Der Hund

O, erseufzt er, bittre Stunde!
O! wer hätte das gemeint?

»Ach!« rief Phylax, »Pantelon!
Ists nicht wahr, ich sterbe schon?
Hätt ich nur nichts eingenommen,
Wär ich wohl davongekommen.
Sterb ich Ärmster so geschwind:
O! so kannst du sicher schreien,
Daß die vielen Arzeneien
Meines Todes Quelle sind.

Wie zufrieden schlief ich ein!
Sollt ich nur so manches Bein,
Das ich mir verscharren müssen,
Vor dem Tode noch genießen.
Dieses macht mich kummervoll,
Daß ich diesen Schatz vergessen,
Nicht vor meinem Ende fressen,
Auch nicht mit mir nehmen soll.

Liebst du mich, und bist du treu:
O! so hole sie herbei;
Eines wirst du bei den Linden,
An dem Gartentore finden;
Eines, lieber Pantelon,
Hab ich nur noch gestern morgen
In dem Winterreis verborgen;
Aber friß mir nichts davon.«

Pantelon war fortgerannt,
Brachte treulich, was er fand;
Phylax roch, bei schwachem Mute,
Noch den Dunst von seinem Gute.

 Endlich

Endlich, da sein Auge bricht,
Spricht er: »Laß mir alles liegen!
Sterb ich, so sollst du es kriegen;
Aber, Bruder, eher nicht.

Sollt ich nur so glücklich sein,
Und das schöne Schinkenbein,
Das ich – doch ich mags nicht sagen,
Wo ich dieses hingetragen.
Werd ich wiederum gesund:
Will ich dir, bei meinem Leben,
Auch die beste Hälfte geben;
Ja du sollst –« Hier starb der Hund.

Der Geizhals bleibt im Tode karg;
Zween Blicke wirft er auf den Sarg,
Und tausend wirft er mit Entsetzen
Nach den mit Angst verwahrten Schätzen.
O schwere Last der Eitelkeit!
Um schlecht zu leben, schwer zu sterben,
Sucht man sich Güter zu erwerben;
Verdient ein solches Glück wohl Neid?

Der Prozeß

Ja, ja, Prozesse müssen sein!
Gesetzt, sie wären nicht auf Erden,
Wie könnt alsdann das Mein und Dein
Bestimmet und entschieden werden?
Das Streiten lehrt uns die Natur.
Drum, Bruder, recht' und streite nur.
Du siehst, man will dich übertäuben;
Doch gib nicht nach, setz alles auf,
Und laß dem Handel seinen Lauf;
Denn Recht muß doch Recht bleiben.

»Was sprecht Ihr, Nachbar? Dieser Rain,
Der sollte, meint Ihr, Euer sein?
Nein, er gehört zu meinen Hufen.«

»Nicht doch, Gevatter, nicht, Ihr irrt;
Ich will Euch zwanzig Zeugen rufen,
Von denen jeder sagen wird,
Daß lange vor der Schwedenzeit –«

»Gevatter, Ihr seid nicht gescheit!
Versteht Ihr mich? Ich will Euchs lehren,
Daß Rain und Gras mir zugehören.
Ich will nicht eher sanfte ruhn;
Das Recht, das soll den Ausspruch tun.«

So saget Kunz, schlägt in die Hand,
Und rückt den spitzen Hut die Quere.
»Ja, eh ich diesen Rain entbehre,
So meid ich lieber Gut und Land.«
Der Zorn bringt ihn zu schnellen Schritten,
Er eilet nach der nahen Stadt.
Allein, Herr Glimpf, sein Advokat,
War kurz zuvor ins Amt geritten.
Er läuft, und holt Herrn Glimpfen ein.
Wie, sprecht ihr, kann das möglich sein?
Kunz war zu Fuß, und Glimpf zu Pferde.
So glaubt ihr, daß ich lügen werde?
Ich bitt euch, stellt das Reden ein,
Sonst werd ich, diesen Schimpf zu rächen,
Gleich selber mit Herrn Glimpfen sprechen.

Ich sag es noch einmal, Kunz holt Herr Glimpfen ein,
Greift in den Zaum, und grüßt Herr Glimpfen.
»Herr!« fängt er ganz erbittert an,
»Mein Nachbar, der infame Mann,
Der Schelm, ich will ihn zwar nicht schimpfen;
Der, denkt nur, spricht, der schmale Rain,
Der zwischen unsern Feldern lieget,
Der, spricht der Narr, der wäre sein.
Allein den will ich sehn, der mich darum betrüget.
Herr«, fuhr er fort, »Herr, meine beste Kuh,
Sechs Scheffel Haber noch dazu!
(Hier wieherte das Pferd vor Freuden.)
O dient mir wider ihn, und helft die Sach entscheiden.«

»Kein Mensch«, versetzt Herr Glimpf, »dient freudiger als ich.
Der Nachbar hat nichts einzuwenden,

Ihr

Ihr habt das größte Recht in Händen;
Aus Euren Reden zeigt es sich.
Genug, verklagt den Ungestümen!
Ich will mich zwar nicht selber rühmen,
Dies tut kein ehrlicher Jurist;
Doch dieses könnt Ihr leicht erfahren,
Ob ein Prozeß, seit zwanzig Jahren,
Von mir verloren worden ist?
Ich will Euch Eure Sache führen,
Ein Wort, ein Mann! Ihr sollt sie nicht verlieren.«
Glimpf reutet fort. »Herr«, ruft ihm Kunz noch nach,
»Ich halte, was ich Euch versprach.«

Wie hitzig wird der Streit getrieben!
Manch Ries Papier wird vollgeschrieben.
Das halbe Dorf muß in das Amt;
Man eilt, die Zeugen abzuhören,
Und fünfundzwanzig müssen schwören,
Und diese schwören insgesamt,
Daß, wie die alte Nachricht lehrte,
Der Rain ihm gar nicht zugehörte.
Ei, Kunz, das Ding geht ziemlich schlecht!
Ich weiß zwar wenig von dem Rechte;
Doch im Vertraun geredt, ich dächte,
Du hättest nicht das größte Recht.

Manch widrig Urteil kömmt; doch laßt es widrig klingen!
Glimpf muntert den Klienten auf:
»Laßt dem Prozesse seinen Lauf,
Ich schwör Euch, endlich durchzudringen,
Doch –
»Herr, ich hör es schon; ich will das Geld gleich bringen.«

Der

Kunz borgt manch Kapital. Fünf Jahre währt der Streit;
Allein, warum so lange Zeit?
Dies, Leser, kann ich dir nicht sagen,
Du mußt die Rechtsgelehrten fragen.

Ein letztes Urteil kömmt. O seht doch, Kunz gewinnt!
Er hat zwar viel dabei gelitten;
Allein was tuts, daß Haus und Hof verstritten,
Und Haus und Hof schon angeschlagen sind?
Genug, daß er den Rain gewinnt.
»O«, ruft er, »lernt von mir, den Streit aufs höchste treiben,
Ihr seht ja, Recht muß doch Recht bleiben!«

Der Bettler

Ein Bettler kam mit bloßem Degen
In eines reichen Mannes Haus,
Und bat sich, wie die Bettler pflegen,
Nur eine kleine Wohltat aus.
»Ich«, sprach er, »kenn Ihr christlich Herze;
Sie sorgen gern für andrer Heil,
Und nehmen mit gerechtem Schmerze
An Ihres Nächsten Elend teil.
Ich weiß, mein Flehn wird Sie bewegen!
Sie sehn, ich fordre nichts mit Unbescheidenheit;
Nein, ich verlasse mich (hier wies er ihm den Degen)
Allein auf Ihre Gütigkeit.«

Dies ist die Art lobgieriger Skribenten,
Wenn sie um unsern Beifall flehn;
Sie geben uns mit vielen Komplimenten
Die harte Fordrung zu verstehn.
Der Autor will den Beifall nicht erpressen;
Nein, er verläßt sich bloß auf unsre Billigkeit;
Doch, daß wir diese nicht vergessen:
So zeigt er uns zu gleicher Zeit
In beiden Händen Krieg und Streit.

 Das

Das Pferd und die Bremse

Ein Gaul, der Schmuck von weißen Pferden,
Von Schenkeln leicht, schön von Gestalt,
Und, wie ein Mensch, stolz in Gebärden,
Trug seinen Herrn durch einen Wald;
Als mitten in dem stolzen Gange
Ihm eine Brems entgegenzog,
Und durstig auf die nasse Stange
An seinem blanken Zaume flog.
Sie leckte von dem weißen Schaume,
Der heficht am Gebisse floß.
»Geschmeiße!« sprach das wilde Roß,
»Du scheust dich nicht vor meinem Zaume?
Wo bleibt die Ehrfurcht gegen mich?
Wie? Darfst du wohl ein Pferd erbittern?
Ich schüttle nur: so mußt du zittern.«
Es schüttelte; die Bremse wich.

Allein sie suchte sich zu rächen;
Sie flog ihm nach, um ihn zu stechen,
Und stach den Schimmel in das Maul.
Das Pferd erschrak, und blieb vor Schrecken
In Wurzeln mit dem Eisen stecken.
Und brach ein Bein; hier lag der stolze Gaul.

Auf

Das Pferd und die Bremse

Auf sich den Haß der Niedern laden,
Dies stürzet oft den größten Mann.
Wer dir, als Freund, nicht nützen kann,
Kann allemal, als Feind, dir schaden.

Die

Die Reise

Einst machte durch sein ganzes Land
Ein König den Befehl bekannt,
Daß jeder, der ein Amt erhalten wollte,
Gewisse Zeit auf Reisen gehen sollte,
Um sich in Künsten umzusehn.
Er ließ genaue Karten stehen,
Und gab dazu noch jedem das Versprechen,
Ihm, würd er nur, soweit er könnte, gehn,
Mit dem Vermögen seiner Schätze
Alsdann auf Reisen beizustehn.
Es war das deutlichste Gesetze,
Das jemals noch die Welt gesehn;
Doch weil die meisten sich vor dieser Reise scheuten:
So sah man viele Dunkelheit.
Die Liebe zu sich selbst, und zur Bequemlichkeit,
Half das Gesetz sehr sinnreich deuten;
Und jeder gab ihm den Verstand,
Den er bequem für seine Neigung fand;
Doch alle waren eins, daß man gehorchen müßte.

Man machte sich die Karten bald bekannt,
Damit man doch der Länder Gegend wüßte.
Sehr viele reisten nur im Geist,
Und überredten sich, als hätten sie gereist.
Noch andre schafften das Geräte

 Zu

Die Reise

Zu ihrer Reise fleißig an,
Und glaubten, wenn man nur stets reisefertig täte:
So hätte man die Reise schon getan.
Sehr viele fingen an zu eilen,
Als wollten sie die ganze Welt durchgehn;
Sie reisten; aber wenig Meilen,
Und meinten, dem Befehl sei nun genug geschehn.
Noch andre suchten auf den Reisen
Noch mehr Gehorsam zu beweisen,
Als den, den das Gesetz befahl;
Sie reisten nicht durch grüne Felder,
O nein, sie suchten finstre Wälder,
Und reisten unter Furcht und Qual;
Behängten sich mit schweren Bürden,
Und glaubten, wenn sie ausgezehrt,
Und siech und krank zurückekommen würden:
So wären sie des besten Amtes wert;
Sie reisten nie auf Kosten des Regenten;
Doch jene, die zur Zeit noch keinen Schritt getan,
Die hielten Tag für Tag um Reisekosten an,
Damit sie weiterkommen könnten.

Wie elend, hör ich manchen klagen,
Ist nicht dies Märchen ausgedacht!
Schämt sich der Dichter nicht, uns Dinge vorzusagen,
Die man kaum Kindern glaublich macht?
Wo gibt es wohl so stumpfe Köpfe,
Als uns der Dichter vorgestellt?
Dies sind unsinnige Geschöpfe,
Und nicht Bewohner unsrer Welt.
O Freund! was zankst du mit dem Dichter?

Sieh doch dic meisten Christen an;
Betrachte sie, und dann sei Richter,
Ob dieses Bild unglaublich heißen kann?

Das Testament

Philemon, der bei großen Schätzen
Ein edelmütig Herz besaß,
Und, andrer Mängel zu ersetzen,
Den eignen Vorteil gern vergaß:
Philemon konnte doch dem Neide nicht entgehen,
So willig er auch war, den Neidern beizustehen.
Zween Nachbarn haßten ihn, zween Nachbarn ruhten nie,
Aufs schimpflichste von ihm zu sprechen.
Warum? Er war beglückt, und glücklicher, als sie.
Ist dies nicht schon ein groß Verbrechen?
Die Freunde rieten ihm, sich für den Schimpf zu rächen.
»Nein«, sprach er, »laßt sie neidisch schmähn,
Sie werden schon nach meinem Tode sehn,
Wieviel sie recht gehabt, ein Glück mir nicht zu gönnen,
Das wenig Menschen nützen können.«
Er stirbt. Man findt sein Testament,
Und liest: »Ich will, daß einst, nach meinem Sterben,
Mein hinterlaßnes Gut die beiden Nachbarn erben,
Weil sie dies Gut mir nicht gegönnt.«
So mancher Freund verwünscht dies Testament.
»Wie? Konnt ich ihn nicht auch beneiden?
Mir gibt er nichts, und alles diesen beiden?«

Die beiden Nachbarn sehn vergnügt
Den Sinn des Testaments vollführen.
Denn damals wußte man nicht recht zu prozessieren,
Sonst hätten beide nichts gekriegt.
So aber kriegten sie das völlige Vermögen.
Wie rühmten sie den Selgen nicht!
Er war die Großmut selbst, er war der Zeiten Licht,
Und alles dies des Testamentes wegen,
Denn eh er starb, war ers noch nicht.

Sind unsre Nachbarn nun beglückt?
Vielleicht. Wir wollen Achtung geben.
Der eine Nachbar weiht entzückt
Dem reichen Kasten Ruh und Leben.
Er hütet ihn mit karger Hand,
Und wacht, wenn andre schnarchend liegen,
Und wünscht mit Tränen sich Verstand,
Die schlauen Diebe zu betrügen;
Springt oft, durch böse Träum erschreckt,
Als ob man ihn bestohlen hätte,
Mit schnellen Füßen aus dem Bette,
Und sucht den Ort, wo er den Schatz versteckt.
Er martert sich mit tausend Sorgen,
Sein vieles Geld vermehrt zu sehn,
Und nimmt aus Geiz sich vor, die Hälfte zu verborgen,
Und läßt den, den er rief, doch leer zurücke gehn.
Arm hatt er sich noch satt gegessen;
Reich hungert er, bei halbem Essen,
Und schnitt das Brot, das er den Seinen gab,
Mit Klagen über Gott, und über Teurung, ab,
Und ward, mit jedem neuen Tage,
Der Seinen Last und seine Plage.

Der andre Nachbar lachte sein.
»Der Torheit«, sprach er, »will ich wehren;
Was ich geerbt, will ich verzehren,
Und mich des Segens recht erfreun.«
Er hielt sein Wort und sah, in wenig Jahren,
Sein vieles Geld in fremder Hand;
Durch Gassen, wo er sonst stolz auf und ab gefahren,
Schlich itzt sein Fuß ganz unbekannt.
»Ach!« sprach er zu dem andern Erben,
»Philemon hat es wohl gedacht,
Daß uns der Reichtum wird verderben,
Drum hat er uns sein Gut vermacht.
Du hungerst karg, ich hab es durchgebracht.
Wir waren wert, den Reichtum zu besitzen,
Denn keiner wußt ihn recht zu nützen.«

Damötas und Phyllis

Damötas war schon lange Zeit
Der jungen Phyllis nachgegangen;
Noch konnte seine Zärtlichkeit
Nicht einen Kuß von ihr erlangen.
Er bat, er gab sich alle Müh;
Doch seine Spröde hört ihn nie.

Er sprach: »Zwei Bänder geb ich dir.
Auch soll kein Warten mich verdrüßen,
Versprich nur, schöne Phyllis, mir,
Mich diesen Sommer noch zu küssen.«
Sie sieht sie an, er hofft sein Glück,
Sie lobt sie, und gibt sie zurück.

Er bot ein Lamm, noch zwei darauf,
Dann zehn, dann alle seine Herden.
So viel? Dies ist ein teurer Kauf.
Nun wird sie doch gewonnen werden.
Doch nichts nahm unsre Phyllis ein;
Mit finstrer Stirne sprach sie: »Nein!«

»Wie?« rief Damötas ganz erhitzt,
»So willst du ewig widerstreben?
Gut, ich verbiete dir anitzt,
Mir jemals einen Kuß zu geben.«

O,

Damötas und Phyllis

»O!« rief sie, »fürchte nichts von mir,
Ich bin dir ewig gut dafür.«

Die Spröde lacht; der Schäfer geht,
Schleicht ungeküßt zu seinen Schafen.
Am andern Morgen war Damöt
Bei seinen Herden eingeschlafen;
Er schlief, und im Vorübergehn
Blieb Phyllis bei dem Schäfer stehn.

Wie rot, spricht Phyllis, ist sein Mund!
Bald dürft ich mich zu was entschließen.
O täte nicht sein böser Hund,
Ich müßte diesen Schäfer küssen.
Sie geht, doch da sie gehen will,
So steht sie vor Verlangen still.

Sie sieht sich dreimal schüchtern um,
Und sucht die Zeugen, die sie scheute;
Sie macht den Hund mit Streicheln stumm,
Und lockt ihn freundlich auf die Seite;
Sie sinnt, bis daß sie, ganz verzagt,
Sich noch zween Schritte näher wagt.

Hier steht nunmehr das gute Kind;
Allein sie kann sich nicht entschließen;
Doch nein, itzt bückt sie sich geschwind,
Und wagts, Damöten sanft zu küssen.
Sie gibt ihm drauf noch einen Blick,
Und kehrt nach ihrer Flur zurück.

Wie süße muß ein Kuß nicht sein!
Denn Phyllis kömmt noch einmal wieder,
Scheint minder sich, als erst, zu scheun,

Und

Und läßt sich bei dem Schäfer nieder;
Sie küßt, und nimmt sich nicht in acht;
Sie küßt ihn, und Damöt erwacht.

»O!« fing Damöt halb schlafend an,
»Mißgönnst du mir die sanfte Stunde?«
»Dir«, sprach sie, »hab ich nichts getan,
Ich spielte nur mit deinem Hunde;
Und überhaupt, es steht nicht fein,
Ein Schäfer und stets schläfrig sein.

Jedoch, was gibst du mir, Damöt?
So sollst du mich zum Scherze küssen.«
»Nun«, sprach der Schäfer, »ists zu spät,
Du wirst an mich bezahlen müssen.«
Drauf gab die gute Schäferin
Um einen Kuß zehn Küsse hin.

Die Widersprecherin

Ismene hatte noch, bei vielen andern Gaben,
Auch diese, daß sie widersprach.
Man sagt es überhaupt den guten Weibern nach,
Daß alle diese Tugend haben;
Doch wenns auch tausendmal der ganze Weltkreis spricht:
So halt ichs doch für ein Gedicht,
Und sag es öffentlich, ich glaub es ewig nicht.
Ich bin ja auch mit mancher Frau bekannt,
Ich hab es oft versucht, und manche schön genannt,
So häßlich sie auch war, bloß, weil ich haben wollte,
Daß sie mir widersprechen sollte;
Allein sie widersprach mir nicht.
Und also ist es falsch, daß jede widerspricht.
So kränkt man euch, ihr guten Schönen!

Itzt komm ich wieder zu Ismenen.
Ismenen sagte mans nicht aus Verleumdung nach,
Es war gewiß, sie widersprach:

Einst saß sie mit dem Mann bei Tische,
Sie aßen unter andern Fische,
Mich deucht, es war ein grüner Hecht.
»Mein Engel«, sprach der Mann, »mein Engel, ist mir recht:

So

So ist der Fisch nicht gar zu blau gesotten.«
»Das«, rief sie, »habe ich wohl gedacht,
So gut man auch die Anstalt macht:
So finden Sie doch Grund, der armen Frau zu spotten.
Ich sag es Ihnen kurz, der Hecht ist gar zu blau.«
»Gut«, sprach er, »meine liebe Frau,
Wir wollen nicht darüber streiten,
Was hat die Sache zu bedeuten?«

So wie dem welschen Hahn, dem man was Rotes zeigt,
Der Zorn den Augenblick in Nas und Lefzen steigt,
Sie rot und blau durchströmt, lang auseinandertreibet,
In beiden Augen blitzt, sich in den Flügeln streibet,
In alle Federn dringt, und sie gen Himmel kehrt,
Und zitternd, mit Geschrei und Poltern, aus ihm fährt:
So schießt Ismenen auch, da dies ihr Liebster spricht,
Das Blut den Augenblick in ihr sonst blaß Gesicht;
Die Adern liefen auf, die Augen wurden enger,
Die Lippen dick und blau, und Kinn und Nase länger,
Ihr Haar bewegte sich, stieg voller Zorn empor,
Und stieß, indem es stieg, das Nachtzeug von dem Ohr.
Drauf fing sie zitternd an: »Ich, Mann! ich, deine Frau,
Ich sag es noch einmal, der Hecht war gar zu blau.«
Sie nimmt das Glas und trinkt. O laßt sie doch nicht trinken!

Ihr Liebster geht, und sagt kein Wort,
Kaum aber ist ihr Liebster fort:
So sieht man sie in Ohnmacht sinken.
Wie konnt es anders sein. Gleich auf den Zorn zu trinken!

Ein plötzliches Geschrei bewegt das ganze Haus,
Man bricht der Frau die Daumen aus;
Man streicht sie kräftig an; kein Balsam will sie stärken.
Man reibt ihr Schlaf und Puls; kein Leben ist zu merken.
Man nimmt versengtes Haar und hälts ihr vors Gesicht.
Umsonst! Umsonst! Sie riecht es nicht;
Nichts kann den Geist ihr wiedergeben.
Man ruft den Mann, er kömmt, und schreit: »Du stirbst, mein Leben!
Du stirbst? Ich armer Mann! Ach, meine liebe Frau,
Wer hieß mich dir doch widerstreben!
Ach, der verdammte Fisch! Gott weiß, er war nicht blau.«
Den Augenblick bekam sie wieder Leben.
»Blau war er«, rief sie aus, »willst du dich noch nicht geben?«

So tat der Geist des Widerspruchs
Mehr Würkung, als die Kraft des heftigsten Geruchs.

Das Heupferd, oder der Grashüpfer

Ein Wagen Heu, den Veltens Hand
Zu hoch gebäumt, und schlecht bespannt,
Konnt endlich von den matten Pferden
Nicht weiter fortgezogen werden.

Des Fuhrmanns Macht- und Sittenspruch,
Ein zehnmals wiederholter Fluch,
War eben, wie der Peitsche Schlagen,
Zu schwach bei diesem schweren Wagen.

Ein Heupferd, das bei der Gefahr
Zuoberst auf dem Wiesbaum war,
Sprang drauf herab, und sprach mit Lachen:
»Ich wills dem Viehe leichter machen.«

Drauf ward der Wagen fortgerückt.
»Ei«, rief das Heupferd ganz entzückt,
»Du, Fuhrmann, wirst an mich gedenken;
Fahr fort! den Dank will ich dir schenken.«

Das Heupferd

Semnon und das Orakel

Sein künftig Schicksal zu erfahren,
Eilt Semnon voll Begier zum delphischen Altar.
Die Gottheit weigert sich, ihm das zu offenbaren,
Was über ihn verhänget war.
Sie spricht: »Du wirst ein großes Glück genießen;
Doch wirds dein Unglück sein, sobald du es wirst wissen.«

Ist Semnons Neugier nun vergnügt?
Nichts weniger! Nur mehr wächst sein Verlangen.
»O Gottheit«, fährt er fort, »wenn Bitten dich besiegt:
So laß mich größres Licht von meinem Glück empfangen!«
So traut der Mensch, und traut zugleich auch nicht.
Ein Semnon glaubt sein Glück, nicht, weils die Gottheit saget,
Nein, weil ers schon gewünscht, eh er sie noch gefraget.
Doch glaubt er auch, wenn sie vom Unglück spricht?
O nein! Denn dieses wünscht er nicht.
Durch Klugheit denkt er schon das Unglück abzuwehren.
Kurz, Semnon läßt nicht nach, er will sein Schicksal hören.

 Du

»Du wirst«, hub das Orakel an,
»Durch deines Weibes Gunst den Zepter künftig
führen,
Und Völker, die dich dienen sahn,
Dereinst durch einen Wink regieren.«

Gestärkt durch dieses Götterwort,
Eilt, der als Pilgrim kam, als Prinz in Hoffnung fort;
Mißt, ohne Land, im Geist schon seines Reiches
Größen;
Und läßt schon, ohne Volk, sein Heer das Schwert
entblößen.

Allein so froh er war: so war ers nicht genug;
Er weiß noch nicht, was er doch wissen wollte,
Die Zeit, in der sein Fuß den Thron besteigen sollte;
Die Ungewißheit wars, die ihn noch niederschlug.
»Und«, sprach er, »wenn ich auch nun bald den
Thron bestiegen,
Wie lange währt alsdann mein königlich Vergnügen?«
Der kühne Zweifel treibt ihn an.
Zum delphischen Apoll sich noch einmal zu nahn.

»O Tor«, versetzt Apoll, »euch Sterblichen zum
Glücke,
Verbarg der Götter Schluß die Zukunft eurem Blicke.
So wisse denn: In kurzer Zeit
Schmückt dich des Purpurs Herrlichkeit;
Doch raubt die Hand, die dir den Thron gegeben,
Dir mit dem Throne bald das Leben.«

Er tat darauf im Kriege sich hervor,
Und stieg, aus einem niedern Stande,
Zur höchsten Würd im Vaterlande,

 Durch

Durch seine Tapferkeit empor.
Das ihm so günstige Geschicke
Erfüllte des Orakels Sinn;
Und Semnon ward, bei immer größerm Glücke,
Der Liebling seiner Königin.
Sie schenkt ihm Herz und Thron; doch ein verborgnes
Schrecken
Läßt ihn das Glück der Hoheit wenig schmecken.
Sein reizendes Gemahl, das er halb liebt, halb scheut,
Erfüllt ihn halb mit Frost, und halb mit Zärtlichkeit.
Itzt wünscht er tausendmal, sein Schicksal nicht zu
kennen,
Um so für sie, wie sie für ihn, zu brennen.
Sie merkt des Königs spröden Sinn,
Sie zieht ihn in Verdacht mit einer Buhlerin,
Sie gibt ihm heimlich Gift; er stirbt vor ihren Füßen.

Sagt, Menschen, ists kein Glück, sein Schicksal nicht
zu wissen?

Das Kartenhaus

Das Kind greift nach den bunten Karten,
Ein Haus zu bauen, fällt ihm ein.
Es baut, und kann es kaum erwarten,
Bis dieses Haus wird fertig sein.

Nun steht der Bau. O welche Freude!
Doch ach! ein ungefährer Stoß
Erschüttert plötzlich das Gebäude,
Und alle Bänder reißen los.

Die Mutter kann im Lomberspielen,
Wenn sie den letzten Satz verspielt,
Kaum so viel banges Schrecken fühlen,
Als ihr bestürztes Kind itzt fühlt.

Doch wer wird gleich den Mut verlieren?
Das Kind entschließt sich sehnsuchtsvoll,
Ein neues Lustschloß aufzuführen,
Das dem zerstörten gleichen soll.

Die Sehnsucht muß den Schmerz besiegen,
Das erste Haus steht wieder da.
Wie lebhaft war des Kinds Vergnügen,
Als es sein Haus von neuem sah!

Das Kartenhaus

Nun will ich mich wohl besser hüten,
Damit mein Haus nicht mehr zerbricht.
»Tisch!« ruft das Kind, »laß dir gebieten,
Und stehe fest, und wackle nicht!«

Das Haus bleibt unerschüttert stehen,
Das Kind hört auf, sich zu erfreun;
Es wünscht, es wieder neu zu sehen,
Und reißt es bald mit Willen ein.

Schilt nicht den Unbestand der Güter,
Du siehst dein eigen Herz nicht ein;
Veränderlich sind die Gemüter,
So mußten auch die Dinge sein.

Bei Gütern, die wir stets genießen,
Wird das Vergnügen endlich matt;
Und würden sie uns nicht entrissen,
Wo fänd ein neu Vergnügen statt?

Die zärtliche Frau

Wie alt ist nicht der Wahn, wie alt und ungerecht,
Als ob dir, weibliches Geschlecht!
Die Liebe nicht von Herzen ginge?
Das Alter sang in diesem Ton,
Von seinem Vater hörts der Sohn,
Und glaubt die ungereimten Dinge.
Verlaßt, o Männer, diesen Wahn,
Und daß ihr ihn verlaßt, so hört ein Beispiel an,
Das ich für alle Männer singe.
Du aber, die mich dichten heißt,
Du, Liebe, stärke mich, daß mir ein Lied voll Geist,
Ein überzeugend Lied gelinge,
Und gib mir, zu gesetzter Zeit,
Ein Weib von so viel Zärtlichkeit,
Als diese war, die ich besinge!

Clarine liebt den treusten Mann,
Den sie nicht besser wünschen kann,
Sie liebt ihn recht von Herzensgrunde.
Und wenn dir dies unglaublich scheint:
So wisse nur, seit der beglückten Stunde,

 Die

Die sie mit ihrem Mann vereint,
War noch kein Jahr vorbei; nun glaubst dus doch, mein Freund?

Clarine kannte keine Freude,
Kein größer Glück, als ihren Mann;
Sie liebte, was er liebgewann,
Was eines wollte, wollten beide;
Was ihm mißfiel, mißfiel auch ihr.
O, sprichst du, so ein Weib, so eines wünscht ich mir!
Jawohl! ich wünsch es auch mit dir.
Sei nur recht zärtlich eingenommen;
Ihr Mann wird krank; vielleicht kannst du sie noch bekommen.
Krank, sag ich, wird ihr Mann, und recht gefährlich krank;
Er quält sich viele Tage lang,
Von ganzen Strömen Schweiß war sein Gesicht umflossen;
Doch noch von Tränen mehr, die sie um ihn vergossen.
»Tod!« fängt sie ganz erbärmlich an,
»Tod wenn ich dich erbitten kann,
Nimm lieber mich, als meinen Mann.«
Wenns nun der Tod gehöret hätte?
Jawohl! Er hört es auch; er hört Clarinens Not,
Er kömmt, und fragt: »Wer rief?« – »Hier!« schreit sie, »lieber Tod,
Hier liegt er, hier in diesem Bette!«

Der

Der zärtliche Mann

Die ihr so eifersüchtig seid,
Und nichts als Unbeständigkeit,
Den Männern vorzurücken pfleget!
O Weiber, überwindet euch,
Lest dies Gedicht und seid zugleich
Beschämt, und ewig widerleget.
Wir Männer sind es ganz allein,
Die einmal nur, doch ewig lieben;
Uns ist die Treu ins Blut geschrieben.
Beweist es! hör ich alle schrein.
Recht gut! Es soll bewiesen sein.

Ein liebes Weib ward krank, wovon? Von vieler Galle?
Die alte Spötterei! Kein Kluger glaubt sie mehr.
Nein, nein, die Weiber siechten alle,
Wenn diese Übel schädlich wär.
Genug, sie ward sehr krank. Der Mann wendt alles an,
Was man von Männern fordern kann;
Eilt, ihr zu rechter Zeit die Pulver einzuschütten;
Er läßt für seine Frau in allen Kirchen bitten,
Und gibt noch mehr dafür, als sonst gebräuchlich war:
Und doch vermehrt sich die Gefahr.

Er

Er ächzt, er weint und schreit, er will mit ihr verderben.
»Ach Engel«, spricht die Frau, »stell deine Klagen ein!
Ich werde mit Vergnügen sterben,
Versprich mir nur, nicht noch einmal zu frein.«
Er schwört, sich keine mehr zu wählen.
»Dein Schatten«, ruft er, »soll mich quälen,
Wenn mich ein zweites Weib besiegt.«
Er schwört. Nun stirbt sein Weib vergnügt.

Wer kann den Kummer wohl beschreiben,
Der unsern Witwer überfällt?
Er weiß vor Jammer kaum zu bleiben;
Zu eng ist ihm sein Haus, zu klein ist ihm die Welt.
Er opfert seiner Frau die allertreusten Klagen,
Bleibt ohne Speis und Trank, sucht keine Lagerstatt;
Er klagt, und ist des Lebens satt.
Indes befiehlt die Zeit, sie in das Grab zu tragen.
Man legt der Seligen ihr schwarzes Brautkleid an;
Der Witwer tritt beträn an ihren Sarg hinan.
»Was?« fängt er plötzlich an zu fluchen,
»Was, Henker, was soll dieses sein?
Für eine tote Frau ein Brautkleid auszusuchen?
Gesetzt, ich wollte wieder frein:
So müßt ich ja ein neues machen lassen.«

Ihr Leute kränkt ihn nicht, geht, holt ein ander Kleid,
Und laßt dem armen Witwer Zeit;
Er wird sich mit der Zeit schon fassen.

Die Spinne

Hochmütig über ihre Künste,
Warf vom durchsichtigen Gespinste
Die Spinne manchen finstern Blick
Auf einen Seidenwurm zurück;
So aufgebläht, wie ein Pedant,
Der itzt, von seinem Wert erhitzet,
In Werken seiner eignen Hand
Bis an den Bart vergraben sitzet,
Und auf den Schüler, der ihn grüßt,
Den Blick mit halben Augen schießt.

Der Seidenwurm, den erst vor wenig Tagen
Der Herr zur Lust mit sich ins Haus getragen,
Sieht dieser Spinne lange zu,
Und fragt zuletzt: »Was webst denn du?«
»Unwissender!« läßt sich die Spinn erbittert hören,
»Du kannst mich noch durch solche Fragen stören?
Ich webe für die Ewigkeit!«

Doch kaum erteilet sie den trotzigen Bescheid:
So reißt die Magd, mit Borsten in den Händen,
Von den noch nicht geputzten Wänden
Die Spinne nebst der Ewigkeit.

Die

Die Kunst sei noch so groß, die dein Verstand besitzet,
Sie bleibt doch lächerlich, wenn sie der Welt nicht nützet.
Verdient, ruft ein Pedant, mein Fleiß denn keinen Dank?
Nein! Denn er hilft nichts mehr, als andrer Müßiggang.

Die Biene und die Henne

»Nun Biene«, sprach die träge Henne,
»Dies muß ich in der Tat gestehn,
So lange Zeit, als ich dich kenne:
So seh ich dich auch müßiggehn.
Du sinnst auf nichts, als dein Vergnügen;
Im Garten auf die Blumen fliegen,
Und ihren Blüten Saft entziehn,
Mag eben nicht so sehr bemühn.
Bleib immer auf der Nelke sitzen,
Dann fliege zu dem Rosenstrauch,
Wär ich wie du, ich tät es auch.
Was brauchst du andern viel zu nützen?
Genug, daß wir so manchen Morgen
Mit Eiern unser Haus versorgen.«

»O!« rief die Biene, »spotte nicht!
Du denkst, weil ich bei meiner Pflicht
Nicht so, wie du bei einem Eie,
Aus vollem Halse zehnmal schreie:
So, denkst du, wär ich ohne Fleiß.
Der Bienenstock sei mein Beweis,
Wer Kunst und Arbeit besser kenne,
Ich, oder eine träge Henne?
Denn wenn wir auf den Blumen liegen:
So sind wir nicht auf uns bedacht;

 Wir

Die Biene und die Henne

Wir sammeln Saft, der Honig macht,
Um fremde Zungen zu vergnügen.
Macht unser Fleiß kein groß Geräusch,
Und schreien wir bei warmen Tagen,
Wenn wir den Saft in Zellen tragen,
Uns nicht, wie du im Neste, heisch:
So präge dir es itzund ein:
Wir hassen allen stolzen Schein;
Und wer uns kennen will, der muß in Rost und
Kuchen
Fleiß, Kunst und Ordnung untersuchen.

Auch hat uns die Natur beschenkt,
Und einen Stachel eingesenkt,
Damit wir die bestrafen sollen,
Die, was sie selber nicht verstehn,
Doch meistern, und verachten wollen:
Drum, Henne! rat ich dir, zu gehn.«

O Spötter, der mit stolzer Miene,
In sich verliebt, die Dichtkunst schilt;
Dich unterrichtet dieses Bild.
Die Dichtkunst ist die stille Biene;
Und willst du selbst die Henne sein:
So trifft die Fabel völlig ein.
Du fragst, was nützt die Poesie?
Sie lehrt und unterrichtet nie.
Allein wie kannst du doch so fragen?
Du siehst an dir, wozu sie nützt:
Dem, der nicht viel Verstand besitzt,
Die Wahrheit, durch ein Bild, zu sagen.

Der

Der süße Traum

Mit Träumen, die uns schön betrügen,
Erfreut den Timon einst die Nacht;
Im Schlaf erlebt er das Vergnügen,
An das er wachend kaum gedacht.
Er sieht, aus seines Bettes Mitte
Steigt schnell ein großer Schatz herauf.
Und schnell baut er aus seiner Hütte
Im Schlafe schon ein Lustschloß auf.
Sein Vorsaal wimmelt von Klienten,
Und, unbekleidet am Kamin,
Läßt er, die ihn vordem kaum nennten,
In Ehrfurcht itzt auf sich verziehn.
Die Schöne, die ihn oft im Wachen
Durch ihre Sprödigkeit betrübt,
Muß Timons Glück vollkommen machen;
Denn träumend sieht er sich geliebt.
Er sieht von Doris sich umfangen,
Und ruft, als dies ihm träumt, vergnügt;
Er lallt: »O Doris, mein Verlangen!
Hat Timon endlich dich besiegt?«

Sein Schlafgeselle hört ihn lallen;
Er hört, daß ihn ein Traum verführt,
Und tut ihm liebreich den Gefallen,
Und macht, daß sich sein Traum verliert.

»Freund«, ruft er, »laß dich nicht betrügen,
Es ist ein Traum, ermuntre dich!«
»O böser Freund, um welch Vergnügen«,
Klagt Timon ängstlich, »bringst du mich!
Du machest, daß mein Traum verschwindet;
Warum entziehst du mir die Lust?
Genug, ich hielt sie für gegründet,
Weil ich den Irrtum nicht gewußt.«

Oft quält ihr uns, ihr Wahrheitsfreunde,
Mit eurer Dienstbeflissenheit;
Oft seid ihr unsrer Ruhe Feinde,
Indem ihr unsre Lehrer seid.
Wer heißt euch uns den Irrtum rauben,
Den unser Herz mit Lust besitzt?
Und der, so heftig wir ihn glauben,
Uns dennoch minder schadt, als nützt?
Der wird die halbe Welt bekriegen,
Wer allen Wahn der Welt entzieht.
Die meisten Arten von Vergnügen
Entstehen, weil man dunkel sieht.
Was denkt der Held bei seinen Schlachten?
Er denkt, er sei der größte Held.
Gönnt ihm die Lust, sich hochzuachten,
Damit ihm nicht der Mut entfällt.
Geht, fragt: Was denkt wohl Adelheide?
Sie denkt, mein Mann liebt mich getreu.
Sie irrt; doch gönnt ihr ihre Freude,
Und laßt das arme Weib dabei.
Was glaubt der Ehemann von Lisetten?
Er glaubt, daß sie die Keuschheit ist.

Er

Er irrt; ich wollte selber wetten;
Doch schweigt, wenn ihr es besser wißt.
Was denkt der Philosoph im Schreiben?
Mich liest der Hof, mich ehrt die Stadt!
Er irrt; doch laßt ihn irrig bleiben,
Damit er Lust zum Denken hat.
Durchsucht der Menschen ganzes Leben:
Was treibt zu großen Taten an?
Was pflegt uns Ruh und Trost zu geben?
Sehr oft ein Traum, ein süßer Wahn.
Genug, daß wir dabei empfinden!
Es sei auch tausendmal ein Schein!
Sollt aller Irrtum ganz verschwinden:
So wär es schlimm, ein Mensch zu sein.

Der Reisende

Ein Wandrer bat den Gott der Götter,
Den Zeus, bei ungestümem Wetter,
Um stille Luft und Sonnenschein.
Umsonst! Zeus läßt sich nicht bewegen;
Der Himmel stürmt mit Wind und Regen,
Denn stürmisch sollt es heute sein.

Der Wandrer setzt mit bittrer Klage,
Daß Zeus mit Fleiß die Menschen plage,
Die saure Reise mühsam fort.
Sooft ein neuer Sturmwind wütet,
Und schnell ihm stillzustehn gebietet:
Sooft ertönt ein Lästerwort.

Ein naher Wald soll ihn beschirmen;
Er eilt, dem Regen und den Stürmen
In diesem Holze zu entgehn;
Doch eh der Wald ihn aufgenommen:
So sieht er einen Räuber kommen,
Und bleibt vor Furcht im Regen stehn.

Der Räuber greift nach seinem Bogen,
Den schon die Nässe schlaff gezogen;
Er zielt, und faßt den Pilger wohl;
Doch Wind und Regen sind zuwider;

Der

Der Pfeil fällt matt vor dem danieder,
Dem er das Herz durchbohren soll.

»O Tor!« läßt Zeus sich zornig hören,
»Wird dich der nahe Pfeil nun lehren,
Ob ich dem Sturm zu viel erlaubt?
Hätt ich dir Sonnenschein gegeben,
So hätte dir der Pfeil das Leben,
Das dir der Sturm erhielt, geraubt.«

Der erhörte Liebhaber

Der größte Fehler in der Liebe,
O Jüngling, ist die Furchtsamkeit.
Was helfen dir die süßen Triebe
Bei einer stummen Schüchternheit?
Du liebst, und willst es doch nicht wagen.
Es deiner Schönen zu gestehn;
Was deine Lippen ihr nicht sagen,
Soll sie in deinen Augen sehn.
Im stillen trägst du deinem Kinde
Das Herz mit Ehrerbietung an,
Und wünschest, daß sie das empfinde,
Was doch dein Mund nicht sagen kann.
Du hörst nicht auf, sie hochzuachten,
Und ehrst sie durch Bescheidenheit;
Sie fühlt, und läßt dich dennoch schmachten.
Und wartet auf Beständigkeit.
Sie läßt dich in den Augen lesen,
Wieviel dir dieser Vorzug nützt;
Erst liebt sie dein bescheidnes Wesen,
Und endlich den, der es besitzt.
Ein Jahr verfliegt; o lacht des Blöden,
Was hat er denn für seine Müh?
Er darf mit ihr von Liebe reden,
Und wagt den ersten Kuß auf sie.
Ein Jahr! Und noch kein größres Glücke?

In

Der erhörte Liebhaber

In Wahrheit! das ist lächerlich.
Warum rief er, beim ersten Blicke,
Nicht gleich: »Mein Kind, ich liebe dich!«
Da lob ich euch, ihr jungen Helden,
Ihr wißt von keiner langen Pein;
Ihr laßt euch bei der Schönen melden,
Ihr kommt, und seht, und nehmt sie ein.
Und euren Mut recht zu beseelen,
Den ihr bei eurer Liebe fühlt:
So will ich euch den Sieg erzählen,
Den einst Jesmin sehr schnell erhielt.

Ein junger Mensch, der gütigst wollte,
Daß jedes schöne Kind die Ehre haben sollte,
Von ihm geliebt, von ihm geküßt zu sein;
Jesmin, sah Sylvien, das heißt, sie nahm ihn ein.
Er sah sie in dem Fenster liegen,
Ward schnell besiegt, und schwur, sie wieder zu besiegen.
Die halbe Nacht verstrich, daß mein Jesmin nicht schlief;
Er sann auf einen Liebesbrief,
Schlug die Romane nach, und trug die hellsten Flammen
In einen Brief aus zwanzigen zusammen.
Der Brief ward fortgeschickt, und für sein bares Geld
Ward auch der Brief getreu bestellt.
Allein die Antwort will nicht kommen.
Jesmin, vom Kummer eingenommen,
Ergreift das Briefpapier, und schreibet noch einmal.
Er klagt der Schönen seine Qual,
Er redt von strengen Liebeskerzen,

 Von

Von Augensonnen, heiß an Pein,
Von Tigermilch, von diamantnen Herzen,
Und von der Hoffnung Nordlichtschein,
Und schwört, weil Sylvia durch nichts erweicht geworden,
Sich, bei Gelegenheit, aus Liebe zu ermorden.

Getrost, Jesmin! versiegle deinen Brief.
So wie das Siegelwachs am Lichte niederlief:
So wird der Schönen Herz, eh Nacht und Tag verfließen,
Von deines Briefes Glut erweicht, zerschmelzen müssen.
Der Brief wird fortgeschickt, und richtig überbracht.
Jesmin tut manch Gebet an Venus' kleinen Knaben;
Doch folgt die Antwort nicht. Wer hätte das gedacht!
Das Mädchen muß ein Herz von Stahl und Eisen haben;
Doch welcher Baum fällt auf den ersten Hieb?
Ich zweifle nicht, die Schöne hat ihn lieb,
Und ihre Sprödigkeit ist ein verstelltes Wesen,
Um nur von ihm mehr Briefe noch zu lesen.
Wie könnte sie dem heißen Flehn
Und, da sie ihn unlängst geputzt gesehn,
Der reichen Weste widerstehn?

Ich weiß noch einen Rat, und dieser Rat wird glücken.
Durch Verse kann man sehr entzücken,
In Versen, mein Jesmin, in Versen schreib an sie;
Siegst du durch Verse nicht, Jesmin! so siegst du nie.
Er folgt. O wünscht mit mir, daß ihm die Reime fließen!
Seht, welch ein feurig Lied Jesmin zur Welt gebar!

Was

Was konnte man auch anders schließen.
Da seine Prosa schon so hoch und feurig war?

Kaum hatte Sylvia das Heldenlied gelesen:
So kam auch schon ein Gegenbrief.
Man stellte sich vor, wie froh Jesmin gewesen,
Wie froh Jesmin der Magd entgegenlief!
Die schlaue Magd grüßt ihn galant.
Er steht und hält den Brief entzückt in seiner Hand,
Und brennet vor Begier, den Inhalt bald zu wissen,
Und kann vor Zärtlichkeit sich dennoch nicht entschließen,
Das kleine Siegel abzuziehn;
Er drückt den Brief an sich, er drückt und küsset ihn.
Die Magd kriegt ein Pistol, und schwört, ihm treu zu bleiben.
Allein was stund in diesem Schreiben,
Als es Jesmin froh auseinanderschlug?
Kein Wörtchen mehr als dies: »Mein Herr, Sie sind nicht klug!«

Der glücklich gewordene Ehemann

Frontin liebt Hannchen bis zum Sterben;
Denn Hannchen war ein schönes Kind.
Allein je reizender die losen Mädchen sind,
Um desto weniger kann man ihr Herz erwerben.
Frontin erfuhr es wohl. Drei Jahre liebt er sie;
Allein umsonst war alle Müh.
Was tat er endlich? Er verreiste,
Und ging (was kann wohl Ärgers sein?),
Ging, sag ich, mit dem bösen Geiste
Ein Bündnis an dem Blocksberg ein;
Ein Bündnis, daß er ihm zwei Jahre dienen wollte,
Wofern er Hannchen noch zur Frau bekommen sollte.
Sie werden hurtig eins, und schließen ihren Kauf;
Der böse Geist gibt ihm die Hand darauf.
Und ob er gleich die Welt sehr oft belogen,
Und Doktor Faustus selbst betrogen:
So hielt er doch sein Wort genau.
Frontin war Hannchens Mann, und sie ward seine Frau.

Doch eh vier Wochen sich verlieren:
So fängt Frontin schon an, den Schwarzen zu zitieren.
»Ach«, spricht er, da der Geist erscheint,
»Ach, darf ich, lieber böser Feind,

Noch einer Bitte mich erkühnen?
Ich habe dir gelobt, für Hannchen, meine Frau,
Zwei Jahre, wie du weißt, zu dienen,
Und dies erfüllt ich auch genau;
Doch willst du mir mein Hannchen wieder nehmen:
So soll mein Dienst ein Jahr verlängert sein.«
Der Böse will sich nicht bequemen,
Drauf geht Frontin die Frist noch zweimal ein;
Denn, sprach er bei sich selbst, so arg du immer bist:
So weiß ich doch, daß Hannchen ärger ist.

Der gütige Besuch

Ein offner Kopf, ein muntrer Geist,
Kurz, einer von den feinen Leuten,
Die ihr Beruf zu Neuigkeiten
Nie denken, ewig reden heißt;
Die mit Gewalt es haben wollen,
Daß Kluge närrisch werden sollen;
Ein solcher Schwätzer trat herein,
Dem Dichter den Besuch zu geben.
»O«, rief er, »welch ein traurig Leben!
Wie? Schlafen Sie denn nicht bei Ihren Büchern ein?
So sind Sie denn so ganz allein,
Und müssen gar vor Langerweile lesen?
Ich dacht es wohl, drum kam ich so geschwind.«

»Ich bin«, sprach der Poet, »noch nie allein gewesen,
Als seit der Zeit, da Sie zugegen sind.«

Der gütige Besuch

Der Arme und der Reiche

Aret, ein tugendhafter Mann,
Dem nichts, als Geld und Güter fehlten,
Rief, als ihn einst die Schulden quälten,
Das Glück um seinen Beistand an.
Das Glück, das seine liebsten Gaben
Sonst immer für die Leute spart,
Die von den Gütern beßrer Art
Nicht gar zuviel bekommen haben,
Entschloß sich dennoch auf sein Flehn,
Dem wackern Manne beizustehn,
Und ließ ihn in verborgnen Gründen
Aus Geiz verscharrte Schätze finden.
Er sieht darauf in kurzer Zeit
Von seinen Schuldnern sich befreit;
Doch ist ihm wohl die Not benommen,
Da, statt der Schuldner, Schmeichler kommen?
Sooft er trinkt, sooft er ißt,
Kömmt einer, der ihn durstig küßt,
Nach seinem Wohlsein ängstlich fraget,
Und ihn mit Höflichkeit und List,
Mit Loben und Bewundern plaget,
Und doch durch alles nichts, als daß ihn hungert, saget.

 O,

Der Arme und der Reiche

»O Glücke!« rief Aret, »soll eins von beiden sein;
Kann alle Klugheit nicht von Schmeichlern mich befrein:
So will ich mich von Schuldnern lieber hassen,
Als mich von Schmeichlern lieben lassen.
Vor jenen kann man doch zuweilen sicher sein;
Doch diese Brut schleicht sich zu allen Zeiten ein.«

Damokles

Glaubt nicht, daß bei dem größten Glücke
Ein Wütrich jemals glücklich ist.
Er zittert in dem Augenblicke,
Da er der Hoheit Frucht genießt.
Bei aller Herrlichkeit stört ihn des Todes Schrecken,
Und läßt ihn nichts, als teures Elend, schmecken.

Als den Tyrannen Dionys
Ein Schmeichler einstens glücklich pries,
Und aus dem Glanz der äußerlichen Ehre,
Aus reichem Überfluß an Volk und Gold erwies,
Daß sein Tyrann unendlich glücklich wäre;
Als dies Damokles einst getan;
Fing Dionys zu diesem Schmeichler an:
»So sehr mein Glück dich eingenommen,
So kennst du es doch unvollkommen;
Doch schmecktest du es selbst, wie würde dichs erfreun!
Willst du einmal an meiner Stelle sein?«
»Von Herzen gern!« fällt ihm Damokles ein.

Ein goldner Stuhl wird schnell für ihn herbeigebracht.
Er sitzt, und sieht auf beiden Seiten

Der

Der Hohen größte Herrlichkeiten,
Die Stolz und Wollust ausgedacht.
Von Purpur prangen alle Wände,
Gold schmückt die Tafel aus, im Golde perlt der
Wein.
Ein Wink! so eilen zwanzig Hände,
Des hohen Winkes wert zu sein.
Ein Wort! so fliegt die Menge schöner Knaben,
Und sucht den Ruhm, dies Wort vollstreckt zu haben.

Von Wollust süß berauscht, von Herrlichkeit entzückt,
Schätzt sich Damokles für beglückt.
»O Hoheit!« ruft er aus, »könnt ich dich ewig
schmecken!«
Doch ach! was nimmt er plötzlich wahr?
Ein scharfes Schwert an einem Pferdehaar,
Das an der Decke hängt, erfüllt sein Herz mit
Schrecken;
Er sieht die drohende Gefahr
Nah über seinem Haupte schweben.
Der Glückliche fängt an zu beben;
Er sieht nicht mehr auf seines Zimmers Pracht,
Nicht auf den Wein, der aus dem Golde lacht;
Er langt nicht mehr nach den schmackhaften Speisen,
Er hört nicht mehr der Sänger sanfte Weisen.
»Ach!« fängt er zitternd an zu schrein,
»Laß mich, o Dionys, nicht länger glücklich sein!«

Die

Die beiden Hunde

Daß oft die allerbesten Gaben
Die wenigsten Bewundrer haben,
Und daß der größte Teil der Welt
Das Schlechte für das Gute hält;
Dies Übel sieht man alle Tage;
Allein wie wehrt man dieser Pest?
Ich zweifle, daß sich diese Plage
Aus unsrer Welt verdringen läßt.
Ein einzig Mittel ist auf Erden;
Allein es ist unendlich schwer.
Die Narren müßten weise werden,
Und seht, sie werdens nimmermehr.
Nie kennen sie den Wert der Dinge.
Ihr Auge schließt, nicht ihr Verstand;
Sie loben ewig das Geringe,
Weil sie das Gute nie gekannt.

Zween Hunde dienten einem Herrn,
Der eine von den beiden Tieren,
Joli, verstund die Kunst, sich lustig aufzuführen,
Und wer ihn sah, vertrug ihn gern.
Er holte die verlornen Dinge,
Und spielte voller Ungestüm.

 Man

Die beiden Hunde

Man lobte seinen Scherz, belachte seine Sprünge;
Seht, hieß es, alles lebt an ihm!
Oft biß er mitten in dem Streicheln:
So falsch und boshaft war sein Herz;
Gleich fing er wieder an zu schmeicheln:
Dann hieß sein Biß ein feiner Scherz.
Er war verzagt und ungezogen;
Doch ob er gleich zur Unzeit bellt und schrie:
So blieb ihm doch das ganze Haus gewogen:
Er hießt der lustige Joli.
Mit ihm vergnügte sich Lisette,
Er sprang mit ihr zu Tisch und Bette;
Und beide teilten ihre Zeit
In Schlaf, in Scherz und Lustbarkeit;
Sie aber übertraf ihn weit.

Fidel, der andre Hund, war von ganz anderm Wesen.
Zum Witze nicht ersehn, zum Scherze nicht erlesen,
Sehr ernsthaft von Natur; doch wachsam um das Haus,
Ging öfters auf die Jagd mit aus;
War treu und herzhaft in Gefahr,
Und bellte nicht, als wenn es nötig war.
Er stirbt. Man hört ihn kaum erwähnen;
Man trägt ihn ungerühmt hinaus.
Joli stirbt auch. Da fließen Tränen!
Seht, ihn beklagt das ganze Haus.
Die ganze Nachbarschaft bezeiget ihren Schmerz.

So gilt ein bißchen Witz mehr, als ein gutes Herz!

Selinde

Das schönste Kind zu ihren Zeiten,
Selinde, reich an Lieblichkeiten,
Schön, wenn ich also sagen mag,
Schön, wie das Morgenrot, und heiter, wie der Tag;
Selinde soll sich malen lassen.
Sie weigert sich; der Maler ließ nicht nach;
Er bat, bis sie es ihm versprach,
Und schwur, sie recht getreu zu fassen.
Sie fragt, wieviel man ihm bezahlt?
Ich hätte sie umsonst gemalt,
Und hätt ich ja was fordern sollen:
So hätt ich Küsse fordern wollen.

So schön Selinde wirklich war,
So schön, und schöner nicht, stellt sie der Maler dar;
Die kleinste Miene muß ihm glücken,
Das Bild war treu, und schön bis zum Entzücken;
So reizend, daß es selbst der Maler hurtig küßt,
Sobald sein Weib nicht um ihn ist.

Der Maler bringt sein göttliches Gesicht.
Selinde sieht es an, erschrickt, und legt es nieder.
»Hier nehm er sein Gemälde wieder,
Er irrt, mein Freund, das bin ich nicht.
Wer hieß ihn so viel Schmeicheleien,

Uns

Selinde

Uns so viel Reiz auf meine Bildung streuen?
Erdichtet ist der Mund, verschönert ist das Kinn.
Kurz, nehm er nur sein Bildnis hin;
Ich mag nicht schöner sein, als ich in Wahrheit bin.
Vielleicht wollt er die Venus malen:
Von dieser laß er sich bezahlen.«

So ist sie denn allein das Kind,
Das schön ist, ohn es sein zu wollen?
Wie viele kenn ich nicht, die wirklich häßlich sind,
Und die wir mit Gewalt für englisch halten sollen.

Der Maler nimmt sein Bild, und sagt kein einzig
Wort,
Geht trotzig, wie ein Künstler, fort.
Was wird er tun? Er wird es doch nicht wagen,
Und so ein schönes Kind verklagen?

Er klagt. Selinde muß sich stellen.
Die Väter werden doch ein gütig Urteil fällen!
O fahrt sie nicht gebietrisch an;
So sehr sie unrecht hat, so edel ist ihr Wahn.

Hier kömmt sie schon, hier kömmt Selinde!
Wer hat mehr Anmut noch gesehen?
Der ganze Rat erstaunt vor diesem schönen Kinde,
Und sein Erstaunen preist sie schön.
Und jeder Greis in dem Gerichte
Verliert die Runzeln vom Gesichte;
Man sah aufs Bild; doch jedesmal
Noch längre Zeit auf das Original;
Und jeder rief: »Sie ist getroffen!«
»O«, sprach sie ganz beschämt, »wie könnt ich dieses
hoffen!

Er

Er hat mich viel zu schön gemalt,
Und Schmeichler werden nicht bezahlt.«

»Selinde«, hub der Richter an,
»Kein Maler konnt Euch treuer malen.
Er hat nach seiner Pflicht getan,
Abbittend sollt Ihr ihn bezahlen;
Doch weil Ihr von Euch selbst nicht eingenommen seid:
So geht nicht unbelohnt von diesem Richterplatze;
Empfangt ein Heiratsgut aus dem gemeinen Schatze,
Zum Lohne der Bescheidenheit.«

O weiser Mann, der dieses spricht!
Gerechter ist kein Spruch zu finden.
Du, du verdienst ein ewig Lobgedicht,
Und wärst du jung, verdientest du Selinden.
Selinde geht. Der Beifall folgt ihr nach;
Man sprach von ihr gewiß, wenn man von Schönen
sprach;
Je mehr sie zweifelte, ob sie so reizend wäre,
Um desto mehr erhielt sie Ehre.

Je minder sich der Kluge selbst gefällt:
Um desto mehr schätzt ihn die Welt.

Der Schatz

Ein kranker Vater rief den Sohn.
»Sohn!« sprach er, »um dich zu versorgen,
Hab ich vor langer Zeit einst einen Schatz verborgen;
Er liegt – « Hier starb der Vater schon.
Wer war bestürzter als der Sohn?
»Ein Schatz! (So waren seine Worte.)
Ein Schatz! Allein an welchem Orte?
Wo find ich ihn?« Er schickt nach Leuten aus,
Die Schätze sollen graben können,
Durchbricht der Scheuern harte Tennen,
Durchgräbt den Garten und das Haus,
Und gräbt doch keinen Schatz heraus.

Nach viel vergeblichem Bemühen
Heißt er die Fremden wieder ziehen,
Sucht selber in dem Hause nach,
Durchsucht des Vaters Schlafgemach,
Und findt mit leichter Müh (wie groß war sein Vergnügen!)
Ihn unter einer Diele liegen.

Vielleicht, daß mancher eh die Wahrheit finden sollte,
Wenn er mit mindrer Müh die Wahrheit suchen wollte.
Und mancher hätte sie wohl zeitiger entdeckt,
Wofern er nicht geglaubt, sie wäre tief versteckt.
Verborgen ist sie wohl; allein nicht so verborgen,
Daß du der finstern Schriften Wust,
Um sie zu sehn, mit tausend Sorgen,
Bis auf den Grund durchwühlen mußt.
Verlaß dich nicht auf fremde Müh,
Such selbst, such aufmerksam, such oft: du findest sie.
Die Wahrheit, lieber Freund, die alle nötig haben,
Die uns, als Menschen, glücklich macht,
Ward von der weisen Hand, die sie uns zugedacht,
Nur leicht verdeckt; nicht tief vergraben.

Monime

Durch schöner Glieder Reiz, durch Schönheit des Verstands
Erwarb Monime sich den Beifall Griechenlands;
So manches Buhlers Herz besiegten ihre Blicke;
Mit Wollust sah er sie, beschämt wich er zurücke,
Denn war Monime schön: so war ihr Herz zugleich
An Unschuld, wie ihr Blick an Geist und Feuer, reich.
Die Tugend, die dem Wunsch erhitzter Buhler wehrte,
Trieb selbst den Buhler an, daß er sie mehr verehrte.
Arm war sie von Geburt, und zart von Leidenschaft,
Mit Schmeichlern stets umringt; und blieb doch tugendhaft?
Doch bringt Geschenke her! Der Diamanten Flehen,
Des Golds Beredsamkeit wird sie nicht widerstehen.

Ein Prinz aus Pontus ists, der großer Mithridat,
Der mit entbrannter Brust sich zu Monimen naht;
Ein König seufzt und fleht. Zu schmeichelnde Gedanken!
Wird nicht bei diesem Glück Monimens Tugend wanken?

»Prinz«, fing sie herzhaft an, »du scheinst durch mich gerührt,

Und

Monime

Und rühmst den kleinen Reiz, der meine Bildung ziert;
Ich danke der Natur für diesen Schmuck der Jugend;
Die Schönheit gab sie mir, und ich gab mir die Tugend.
Nicht jene macht mich stolz, nein, diese macht mich kühn;
Sei tausendmal ein Prinz: umsonst ist dein Bemühn!
Ich mehre nie die Zahl erkaufter Buhlerinnen,
Nur als Gemahl wirst du Monimens Herz gewinnen.«

So unbeweglich blieb ihr tugendhafter Sinn.
Der Prinz, des Prinzen Flehn, der prächtigste Gewinn,
Des Hofes Kunst und List, nichts konnte sie bezwingen.
Der Prinz muß für ihr Herz ihr selbst die Krone bringen.

O welch ein seltnes Glück, von niederm Blut entstehn,
Und aus dem Staube sich bis zu dem Thron erhöhn!
Wie lange, großes Glück! wirst du ihr Herz vergnügen?
Wie lange?
Mithridat hofft Rom noch zu besiegen;
Verläßt Monimens Arm, um in den Krieg zu ziehn.
Doch der, der siegen will, fängt an, besiegt zu fliehn;
Rom setzt ihm siegreich nach, sein Land wird eingenommen.
Doch soll das stolze Rom Monimen nicht bekommen,
Eh dies der Prinz erlaubt, befielt er ihren Tod.
Ein Sklav eröffnet ihr, was Mithridat gebot.

»So«, ruft sie, »raubt mir auch die Hoheit noch das Leben?

Die für entrißne Ruh mir einen Thron gegeben,
Auf dem ich ungeliebt, durch Reue mich gequält,
Daß ich den Niedrigsten mir nicht zum Mann erwählt?«
Sie reißt den Hauptschmuck ab, um stolz sich umzubringen,
Und eilt, ihr Diadem sich um den Hals zu schlingen;
Allein das schwache Band erfüllt ihr Wünschen nicht,
Es reißt, und weigert sich der so betrübten Pflicht.
»O«, ruft sie, »Schmuck! den ich zu meiner Pein getragen,
Sogar den schlimmsten Dienst will du mir noch versagen?«
Sie wirft ihn vor sich hin, tritt voller Wut darauf,
Und gibt durch einen Dolch alsbald ihr Leben auf.

Der unsterbliche Autor

Ein Autor schrieb sehr viele Bände,
Und ward das Wunder seiner Zeit;
Der Journalisten gütge Hände
Verehrten ihm die Ewigkeit.
Er sah, vor seinem sanften Ende,
Fast alle Werke seiner Hände
Das sechste Mal schon aufgelegt,
Und sich, mit tiefgelehrtem Blicke,
In einer spanischen Perücke
Vor jedes Titelblatt geprägt.
Er blieb vor Widersprechern sicher,
Und schrieb bis an den Tag, da ihn der Tod entseelt;
Und das Verzeichnis seiner Bücher,
Die kleinen Schriften mitgezählt,
Nahm an dem Lebenslauf allein
Drei Bogen und drei Seiten ein.

Man las nach dieses Mannes Tode
Die Schriften mit Bedachtsamkeit;
Und seht, das Wunder seiner Zeit
Kam in zehn Jahren aus der Mode,
Und seine göttliche Methode
Hieß eine bange Trockenheit.
Der Mann war bloß berühmt gewesen,
Weil Stümper ihn gelobt, eh Kenner ihn gelesen.

Berühmt zu werden, ist nicht schwer,
Man darf nur viel für kleine Geister schreiben;
Doch bei der Nachwelt groß zu bleiben,
Dazu gehört noch etwas mehr,
Als, seicht am Geist, in strenger Lehrart schreiben.

Der grüne Esel

Wie oft weiß nicht ein Narr durch töricht Unternehmen
Viel tausend Toren zu beschämen!

Neran, ein kluger Narr, färbt einen Esel grün,
Am Leibe grün, rot an den Beinen,
Fängt an, mit ihm die Gassen durchzuziehn;
Er zieht, und jung und alt erscheinen.
Welch Wunder! rief die ganze Stadt,
Ein Esel, zeisiggrün! der rote Füße hat!
Das muß die Chronik einst den Enkeln noch erzählen,
Was es zu unsrer Zeit für Wunderdinge gab!
Die Gassen wimmelten von Millionen Seelen;
Man hebt die Fenster aus, man deckt die Dächer ab;
Denn alles will den grünen Esel sehn,
Und alle konnten doch nicht mit dem Esel gehn.

Man lief die beiden ersten Tage
Dem Esel mit Bewundrung nach.
Der Kranke selbst vergaß der Krankheit Plage,
Wenn man vom grünen Esel sprach.
Die Kinder in den Schlaf zu bringen,
Sang keine Wärterin mehr von dem schwarzen Schaf;
Vom grünen Esel hört man singen,
Und so gerät das Kind in Schlaf.

Drei

Der grüne Esel

Drei Tage waren kaum vergangen:
So war es um den Wert des armen Tiers geschehn.
Das Volk bezeigte kein Verlangen,
Den grünen Esel mehr zu sehn.
Und so bewundernswert er anfangs allen schien:
So dacht itzt doch kein Mensch mit einer Silb an ihn.

Ein Ding mag noch so närrisch sein,
Es sei nur neu: so nimmts den Pöbel ein.
Er sieht, und er erstaunt. Kein Kluger darf ihm wehren.
Drauf kömmt die Zeit, und denkt an ihre Pflicht;
Denn sie versteht die Kunst, die Narren zu bekehren,
Sie mögen wollen oder nicht.

Der baronisierte Bürger

Des kargen Vaters stolzer Sohn
Ward, nach des Vaters Tod, Herr einer Million,
Und für sein Geld in kurzer Zeit Baron.
Er nahm sich vor, ein großer Mann zu werden,
Und ahmte, wenn ihm gleich der innre Wert gebrach,
Doch die gebietrischen Gebärden
Der Großen zuversichtlich nach.
Bald wünscht er sich des Staatsmanns Ehre,
Vertraut mit Fürsten umzugehn;
Bald wünscht er sich das Glück, dereinst vor einem Heere
Mit Lorbeern des Eugens zu stehn.
Kurz, er blieb ungewiß, wo er mehr Ansehn hätte,
Ob in dem Feld, ob in dem Kabinette.

Indessen war er doch Baron;
Und sein Verdienst, die Million,
Ließ sich zu alles Volks Entzücken,
In Läufern und Heiducken blicken.
Er nahm die halbe Stadt in Sold,
Bedeckte sich und sein Gefolg mit Gold,
Und brüstete sich mehr in seiner Staatskarosse,
Als die daran gespannten Rosse.

Er

Der baronisierte Bürger

Er war der Schmeichler Mäzenat.
Ein Geck, der ihm gebückt um seine Gnade bat,
Und alles, was sein Stolz begonnte,
Recht unverschämt bewundern konnte,
Der kam sogleich in jener Freunde Zahl,
In der man mit ihm aß, ihn lobt, und ihn bestahl,
Und, wenn man ihn betrog, zugleich in überredte,
Daß er des Argus Augen hätte.

Was braucht es mehr als Stolz und Unverstand,
Um Millionen durchzubringen?
Unsichrer ist kein Schatz als in des Jünglings Hand,
Den Wollust, Pracht und Stolz zu ihren Diensten
zwingen.
Der Herr Baron vergaß bei seinem großen Schatz
Den Staatsmann und den Held, ward sinnreich im
Verschwenden,
Und sah in kurzer Zeit sein Gut in fremden Händen;
Starb arm und unberühmt. Kurz, er bewies den Satz,
Daß Eltern ihre Kinder hassen,
Wofern sie ihnen nichts als Reichtum hinterlassen.

Der arme Schiffer

Ein armer Schiffer stak in Schulden,
Und klagte dem Philet sein Leid.
»Herr«, sprach er, »leiht mir hundert Gulden;
Allein zu Eurer Sicherheit
Hab ich kein ander Pfand als meine Redlichkeit.
Indessen leiht mir aus Erbarmen
Die hundert Gulden auf ein Jahr.«

Philet, ein Retter in Gefahr,
Ein Vater vieler hundert Armen,
Zählt ihm das Geld mit Freuden dar.
»Hier«, spricht er, »nimm es hin und brauch es ohne Sorgen;
Ich freue mich, daß ich dir dienen kann;
Du bist ein ordentlicher Mann,
Dem muß man ohne Handschrift borgen.«

Ein Jahr, und noch ein Jahr verstreicht;
Kein Schiffer läßt sich wieder sehen.
Wie? Sollt er auch Phileten hintergehen;
Und ein Betrüger sein? Vielleicht.

Doch nein! Hier kömmt der Schiffer gleich.
»Herr!« fängt er an, »erfreuet Euch,
Ich bin aus allen meinen Schulden;

Und

Und seht, hier sind zweihundert Gulden,
Die ich durch Euer Geld gewann.
Ich bitt Euch herzlich, nehmt sie an;
Ihr seid ein gar zu wackrer Mann.«

»O«, spricht Philet, »ich kann mich nicht besinnen,
Daß ich dir jemals Geld geliehn.
Hier ist mein Rechnungsbuch, ich wills zu Rate ziehn;
Allein ich weiß es schon, du stehest nicht darinnen.«

Der Schiffer sieht ihn an, und schweigt betroffen still,
Und kränkt sich, daß Philet das Geld nicht nehmen will.
Er läuft, und kömmt mit voller Hand zurücke.
»Hier«, spricht er, »ist der Rest von meinem ganzen Glücke,
Noch hundert Gulden! Nehmt sie hin,
Und laßt mir nur das Lob, daß ich erkenntlich bin.
Ich bin vergnügt, ich habe keine Schulden;
Dies Glücke dank ich Euch allein;
Und wollt Ihr ja recht gütig sein:
So leiht mir wieder funfzig Gulden.«

»Hier«, spricht Philet, »hier ist dein Geld,
Behalte deinen ganzen Segen:
Ein Mann, der Treu und Glauben hält,
Verdient ihn seiner Treue wegen.
Sei du mein Freund. Das Geld ist dein;
Es sind nicht mehr als hundert Gulden mein,
Die sollen deinen Kindern sein.«

Mensch! mache dich verdient um andrer Wohlergehen;
Denn was ist göttlicher, als wenn du liebreich bist!
Und mit Vergnügen eilst, dem Nächsten beizustehen,
Der, wenn er Großmut sieht, großmütig dankbar ist!

Das Schicksal

O Mensch! Was strebst du doch, den Ratschluß
zu ergründen,
Nach welchem Gott die Welt regiert?
Mit endlicher Vernunft willst du die Absicht finden,
Die der Unendliche bei seiner Schickung führt?
Du siehst bei Dingen, die geschehen,
Nie das Vergangne recht, und auch die Folge nicht,
Und hoffest doch, den Grund zu sehen,
Warum das, was geschah, geschicht?
Die Vorsicht ist gerecht in allen ihren Schlüssen.
Dies siehst du freilich nicht bei allen Fällen ein;
Doch wolltest du den Grund von jeder Schickung
wissen:
So müßtest du, was Gott ist, sein.
Begnüge dich, die Absicht zu verehren,
Die du zu sehn zu blöd am Geiste bist;
Und laß dich hier ein jüdisch Beispiel lehren,
Daß das, was Gott verhängt, aus weisen Gründen
fließt,
Und, wenn dirs grausam scheint, gerechtes Schicksal
ist.

Als Moses einst vor Gott auf einem Berge trat,
Und ihn von jenem ewgen Rat,

Der

Das Schicksal

Der unser Schicksal lenkt, um größre Kenntnis bat:
So ward ihm ein Befehl, er sollte von den Höhen,
Worauf er stund, hinab ins Ebne sehen.
Hier floß ein klarer Quell. Ein reisender Soldat
Stieg bei dem Quell von seinem Pferde,
Und trank. Kaum war der Reuter fort:
So lief ein Knabe von der Herde
Nach einem Trunk an diesen Ort.
Er fand den Geldsack bei der Quelle,
Der jenem hier entfiel, er nahm ihn, und entwich;
Worauf nach eben dieser Stelle
Ein Greis gebückt an seinem Stabe schlich.
Er trank, und setzte sich, um auszuruhen, nieder;
Sein schweres Haupt sank zitternd in das Gras,
Bis es im Schlaf des Alters Last vergaß.
Indessen kam der Reuter wieder,
Bedrohte diesen Greis mit wildem Ungestüm,
Und forderte sein Geld von ihm.
Der Alte schwört, er habe nichts gefunden,
Der Alte fleht und weint, der Reuter flucht und droht,
Und sticht zuletzt, mit vielen Wunden,
Den armen Alten wütend tot.

Als Moses dieses sah, fiel er betrübt zur Erden;
Doch eine Stimme rief: »Hier kannst du innewerden,
Wie in der Welt sich alles billig fügt.
Denn wiß: Es hat der Greis, der itzt im Blute liegt,
Des Knabens Vater einst erschlagen,
Der den verlornen Raub zuvor davongetragen.«

Lisette

Ein junges Weib, sie hieß Lisette,
Dies Weibchen lag an Blattern blind.
Nun weiß man wohl, wie junge Weiber sind;
Drum durft ihr Mann nicht von dem Bette,
So gern er sie verlassen hätte:
Denn laßt ein Weib schön wie Cytheren sein,
Wenn sie die Blattern hat: so nimmt sie nicht mehr
ein.
Hier sitzt der gute Mann, zu seiner größten Pein,
Und muß des kranken Weibes pflegen,
Ihr Küssen oft zurechtelegen,
Und oft durch ein Gebet um ihre Beßrung flehn;
Und gleichwohl war sie nicht mehr schön.
Ich hätt ihn mögen beten sehn.

Der arme Mann! Ich weiß ihm nicht zu raten.
Vielleicht besinnt er sich, und tut, was andre taten.

Ein krankes Weib braucht eine Wärterin;
Und Lorchen ward dazu erlesen,
Weil ihr Lisettens Eigensinn
Vor andern längst bekannt gewesen.
Sie trat ihr Amt dienstfertig an,
Und wußte sich in allen Stücken
Gut in die kranke Frau zu schicken,

Und

Lisette

Und auch in den gesunden Mann.
Sie war besorgt, gefällig, jung und schön,
Und also ganz geschickt, mit beiden umzugehn.

Was tut man nicht, um sich von Gram und Pein,
Von Langerweile zu befrein?
Der Mann sieht Lorchen an, und redt mit ihr durch Blicke,
Weil er nicht anders reden darf;
Und jeder Blick, den er auf Lorchen warf,
Kam, wo nicht ganz, doch halb erhört zurücke.
Ach, arme kranke Frau! Es ist dein großes Glücke,
Daß du nicht sehen kannst, dein Mann tut recht galant;
Dein Mann, ich wollte viel drauf wetten,
Hat Lorchen schon vorher gekannt,
Und sie mit Fleiß zur Wärterin ernannt.
Ja, wenn sie bloß durch Blicke redten:
So möcht es endlich wohl noch gehn;
Allein bald wird man sie einander küssen sehn.
Er kömmt, und klopft sie in den Nacken,
Und kneipt sie in die vollen Backen;
Sie wehrt sich ganz bequem, bequem wie eine Braut,
Und findet bald für gut, sich weiter nicht zu wehren.
Sie küssen sich recht zärtlich und vertraut;
Allein sie küßten gar zu laut.
Wie konnt es anders sein? Lisette mußt es hören.
Sie hörts, und fragt: »Was schallt so hell?«
»Madam, Madam!« ruft Lorchen schnell,
»Es ist Ihr Herr, er ächzt vor großem Schmerz,
Und will sich nicht zufriedengeben.«
»Ach«, spricht sie, »lieber Mann, wie redlich meints dein Herz!
O gräme dich doch nicht! Ich bin ja noch am Leben.«

Die Verschwiegenheit

»O Doris, wärst du nur verschwiegen:
So wollt ich dir etwas gestehn;
Ein Glück, ein ungemein Vergnügen –
Doch nein, ich schweige«, sprach Tiren.
»Wie?« rief die schöne Schäferin,
»Du zweifelst noch, ob ich verschwiegen bin?
Du kannst mirs sicher offenbaren;
Ich schwör, es solls kein Mensch erfahren.«

»Du kennst«, versetzt Tiren, »die spröde Sylvia,
Die schüchtern vor mir floh, sooft sie mich sonst sah.
Ich komme gleich von dieser kleinen Spröden;
Doch, ach, ich darf nicht weiterreden.
Nein, Doris, nein, es geht nicht an;
Es wär um ihre Gunst, und um mein Glück getan,
Wenn Sylvia dereinst erführe,
Daß – Dringe nicht in mich, ich halte meine Schwüre.«

»So liebt sie dich?« fuhr Doris fort.
»Jawohl! Doch sage ich kein Wort.
Ich hab ihr Herz nun völlig eingenommen,
Und itzt von ihr den ersten Kuß bekommen.
›Tiren‹, sprach sie zu mir, ›mein Herz sei ewig dein;
Doch eines bitt ich dich, du mußt verschwiegen sein.

Daß wir uns günstig sind, uns treu und zärtlich
küssen,
Braucht niemand auf der Flur als ich und du zu
wissen.‹
Drum bitt ich, Doris, schweige ja,
Sonst flieht und haßt mich Sylvia.«

Die kleine Doris geht. Doch wird auch Doris
schweigen?
Ja, die Verschwiegenheit ist allen Schönen eigen.
Gesetzt, daß Doris auch es dem Damöt vertraut;
Was ist es denn nun mehr? Sie sagt es ja nicht laut.

Ihr Schäfer, ihr Damöt, kömmt ihr verliebt entgegen,
Drückt ihre weiche Hand, und fragt,
Was ihr sein Freund Tiren gesagt?

»Damöt, du weißt ja wohl, was wir zu reden pflegen,
Du kennst den ehrlichen Tiren;
Es war nichts Wichtiges, sonst würd ich dirs gestehn.
Er sagte mir – Verlang es nicht zu wissen;
Ich hab es ihm versprechen müssen,
Daß ich zeitlebens schweigen will.«

Damöt wird traurig, schweiget still,
Umarmt sein Kind, doch nur mit halbem Feuer.
Die Schäferin erschrickt, daß sie Damötens Kuß
So unvollkommen schmecken muß.
»Du zürnest«, ruft sie, »mein Getreuer?
O zürne nicht, ich will es dir gestehn:
Die spröde Sylvia ergibt sich dem Tiren,
Und hat ihm itzt in ihrem Leben
Den allerersten Kuß gegeben;
Allein du mußt verschwiegen sein.«

Die Verschwiegenheit

Damöt versprichts. Kaum ist Damöt allein:
So fühlt er schon die größte Pein,
Sein neu Geheimnis zu bewahren.
»Ja!« fängt Damöt zu singen an:
»Ich will es keinem offenbaren,
Daß Sylvia Tirenen liebt,
Ihm Küsse nimmt, und Küsse gibt;
Du, stummer Busch, nur sollsts erfahren,
Wen Sylvia verstohlen liebt.«

Doch ach! In diesem Busch war unsre Sylvia,
Die sich durch dieses Lied beschämt verraten sah;
Und eine Heimlichkeit so laut erfahren mußte,
Die, ihrer Meinung nach, nur ihr Geliebter wußte.
Sie läuft, und sucht den Schwätzer, den Tiren.
Ach, Schäfer, ach, wie wird dirs gehn!
»Mich«, fängt sie an, »so zu betrügen!
Dich, Plaudrer, sollt ich länger lieben?«

Und kurz: Tiren verliert die schöne Schäferin,
Und kömmt, Damöten anzuklagen.
»Ja«, spricht Damöt, »ich muß es selber sagen,
Daß ich nicht wenig strafbar bin;
Allein wie kannst du mich den größten Schwätzer nennen?
Du hast ja selbst nicht schweigen können!«

Die junge Ente

Die Henne führt der Jungen Schar,
Worunter auch ein Entchen war,
Das sie zugleich mit ausgebrütet.
Der Zug soll in den Garten gehn;
Die Alte gibts der Brut durch Locken zu verstehn;
Und jedes folgt, sobald sie nur gebietet,
Denn sie gebot mit Zärtlichkeit.

Die Ente wackelt mit; allein nicht gar zu weit.
Sie sieht den Teich, den sie noch nicht gesehen,
Sie läuft hinein, sie badet sich.
Wie, kleines Tier! Du schwimmst? Wer lehrt es dich?
Wer hieß dich in das Wasser gehen?
Wirst du so jung das Schwimmen schon verstehen?

Die Henne läuft mit strupfichtem Gefieder
Das Ufer zehnmal auf und nieder,
Und will ihr Kind aus der Gefahr befrein;
Setzt zehnmal an, und fliegt doch nicht hinein;
Denn die Natur heißt sie das Wasser scheun.
Doch nichts erschreckt den Mut der Ente;
Sie schwimmt beherzt in ihrem Elemente,
Und fragt die Henne ganz erfreut,
Warum sie denn so ängstlich schreit?

 Was

Die junge Ente

Was dir Entsetzen bringt, bringt jenem oft Vergnügen;
Der kann mit Lust zu Felde liegen,
Und dich erschreckt der bloße Name, Held.
Der schwimmt beherzt auf offnen Meeren;
Du zitterst schon auf angebundnen Fähren,
Und siehst den Untergang der Welt.
Befürchte nichts vor dessen Leben,
Der kühne Taten unternimmt.
Wen die Natur zu der Gefahr bestimmt,
Dem hat sie auch den Mut zu der Gefahr gegeben.

Die kranke Frau

Wer kennt die Zahl von so viel bösen Dingen,
Die uns um die Gesundheit bringen!
Doch nötig ists, daß man sie kennenlernt.
Je mehr wir solcher Quellen wissen,
Woraus Gefahr und Unheil fließen;
Um desto leichter wird das Übel selbst entfernt

Des Mannes teurer Zeitvertreib,
Sulpitia, ein junges schönes Weib,
Ging munter zum Besuch, krank aber kam sie wieder,
Und fiel halbtot aufs Ruhebette nieder.
Sie röchelt. Wie? Vergißt ihr Blut den Lauf?
Geschwind löst ihr die Schnürbrust auf!
Geschwind! Doch läßt sich dies erzwingen?
Sechs Hände waren zwar bereit;
Doch eine Frau aus ihrem Staat zu bringen,
Wieviel erfordert dies nicht Zeit!

Der arme Mann schwimmt ganz in Tränen;
Mit Recht bestürzt ihn diese Not.
Zu früh ists, nach der Gattin Tod
Im ersten Jahre sich zu sehnen.
Er schickt nach einem Arzt. Ein junger Äskulap

Erscheint sogleich in vollem Trab,
Und setzt sich vor das Krankenbette,
Vor dem er sich so eine Miene gab,
Als ob er für den Tod ein sichres Mittel hätte.
Er fragt den Puls, und da er ihn gefragt,
Schlägt er im Geiste nach, was sein Rezeptbuch sagt,
Und läßt, die Krankheit zu verdringen,
Sich eilends Dint und Feder bringen.

Er schreibt. Der Diener läuft. Indessen ruft der Mann
Den so erfahrnen Arzt beiseite,
Und fragt, was doch der Zufall wohl bedeute?
Der Doktor sieht ihn lächelnd an:
»Sie fragen mich, was es bedeuten kann?
Das brauch ich Ihnen nicht zu sagen;
Sie wissen schon, es zeigt viel Gutes an,
Wenn sich die jungen Weiber klagen.«

Den Mann erfreut ein solcher Unterricht.
Die Nacht verstreicht, der Trank ist eingenommen;
Allein der teure Trank hilft nicht.
Drum muß der zweite Doktor kommen.

Er kömmt! Geduld! Nun werden wirs erfahren.
Was ists? Was fehlt der schönen Frau?
Der Doktor sieht es ganz genau,
Daß sich die Blattern offenbaren.

Sulpitia! Erst sollst du schwanger sein?
Nun sollst du gar die Blattern kriegen?
Ihr Ärzte schweigt, und gebt ihr gar nichts ein,
Denn einer muß sich doch betrügen.
Nein, überlaßt sie der Natur,
Und dem ihr so getreuen Bette;

 Gesetzt

Gesetzt, daß sie die schlimmste Krankheit hätte:
So ist sie nicht so schlimm, als eure Kur.

Geduld! Vielleicht genest sie heute.
Der Mann kömmt nicht von ihrer Seite,
Und eh die Stunde halb verfließt,
Fragt er sie hundertmal, obs noch nicht besser ist?
Ach ungestümer Mann, du nötigst sie zum Sprechen.
Wie? Wird sie nicht das Reden schwächen?
Sie spricht ja mit gebrochnem Ton,
Und an der Sprache hörst du schon,
Daß sich die Schmerzen stets vergrößern.
Bald wird es sich mit deiner Gattin bessern!
Der Tod, der Tod dringt schon herein,
Sie von der Marter zu befrein.

Wer pocht? Es wird der Doktor sein;
Doch nein, der Schneider kömmt, und bringt ein Kleid getragen.
Sulpitia fängt an, die Augen aufzuschlagen.
»Er kömmt«, so stammelt sie. »Er kömmt zu rechter Zeit;
Ist dies vielleicht mein Sterbekleid?
Ja, wie Er sieht, so werd ich bald erblassen;
Doch hätte mich der Himmel leben lassen:
So hätt ich mir ein solches Kleid bestellt,
Von solchem Stoff, als Er, Er wirds schon wissen,
Für meine Freundin machen müssen;
Es ist nichts Schöners auf der Welt.
Als ich zuletzt Besuch gegeben:
So trug sie dieses neue Kleid;
Doch geh Er nur. O kurzes Leben!
Es ist doch alles Eitelkeit!«

Die kranke Frau

O fasse dich, betrübter Mann!
Du hörst ja, daß dein Weib noch ziemlich reden kann.
O laß die Hoffnung nicht verschwinden!
Der Atem wird sich wieder finden.

Der Schneider geht, der Mann begleitet ihn,
Sie reden heimlich vor der Türe.
Der Schneider tut die größten Schwüre,
Und eilt, die Sache zu vollziehn.

Noch vor dem Abend kömmt er wieder.
Sulpitia liegt noch danieder,
Und dankt ihm seufzend für den Gruß.
Allein wer sagt, was doch der Schneider bringen muß?
Er hat es in ein Tuch geschlagen,
Er wickelts aus. O welche Seltenheit!
Dies ist der Stoff, dies ist das reiche Kleid.
Allein was soll es ihr? Sie kann es ja nicht tragen.

»Ach Engel«, spricht der Mann bei sanftem Händedrücken,
»Mein ganz Vermögen gäb ich hin,
Könnt ich dich nur gesund in diesem Schmuck erblicken!«
»O«, fängt sie an, »so krank ich bin:
So kann ich Ihnen doch, mein Liebster, nichts versagen.
Ich will mich aus dem Bette wagen;
So können Sie noch heute sehn,
Wie mir das neue Kleid wird stehn.«

Man bringt den Schirm, und sie verläßt das Bette,
So schwach, als ob sie schon ein Jahr gelegen hätte.
Man putzt sie an, geputzt trinkt sie Kaffee.

Kein

Kein Finger tut ihr weiter weh.
Der Krankheit Grund war bloß ein Kleid gewesen,
Und durch das Kleid muß sie genesen.
So heilt des Schneiders kluge Hand
Ein Übel, das kein Arzt gekannt.

Der

Der gute Rat

Ein junger Mensch, der sich vermählen wollte,
Und dem man manchen Vorschlag tat,
Bat einen Greis um einen guten Rat,
Was für ein Weib er nehmen sollte?

»Freund«, sprach der Greis, »das weiß ich nicht.
So gut man wählt, kann man sich doch betrügen.
Sucht Ihr ein Weib bloß zum Vergnügen:
So wählet Euch ein schön Gesicht;
Doch liegt Euch mehr an Renten und am Staate,
Als am verliebten Zeitvertreib:
So dien ich Euch mit einem andern Rate,
Bemüht Euch um ein reiches Weib;
Doch strebt Ihr durch die Frau nach einem hohen Range,
Nun so vergeßt, daß beßre Mädchen sind,
Wählt eines großen Mannes Kind,
Und untersucht die Wahl nicht lange;
Doch wollt Ihr mehr für Eure Seele wählen,
Als für die Sinnen und den Leib:
So wagts, um Euch nach Wunsche zu vermählen,
Und wählt Euch ein gelehrtes Weib.«
Hier schwieg der Alte lachend still.

»Ach«, sprach der junge Mensch, »das will ich ja nicht
wissen:
Ich frage, welches Weib ich werde wählen müssen,
Wenn ich zufrieden leben will?
Und wenn ich, ohne mich zu grämen –«

»O«, fiel der Greis ihm ein, »da müßt Ihr keine
nehmen!«

 Die

Die beiden Mädchen

Zwo junge Mädchen hofften beide,
Worauf? Gewiß auf einen Mann;
Denn dies ist doch die größte Freude,
Auf die ein Mädchen hoffen kann.
Die jüngste Schwester, Philippine,
War nicht unordentlich gebaut;
Sie hatt ein rund Gesicht, und eine zarte Haut;
Doch eine sehr gezwungne Miene.
So fest geschnürt sie immer ging,
So viel sie Schmuck ins Ohr, und vor den Busen hing,
So schön sie auch ihr Haar zusammenrollte;
So ward sie doch bei alledem,
Je mehr man sah, daß sie gefallen wollte,
Um desto minder angenehm.

Die andre Schwester, Caroline,
War im Gesichte nicht so zart;
Doch frei und reizend in der Miene,
Und liebreich mit gelaßner Art.
Und wenn man auf den heitern Wangen
Gleich kleine Sommerflecken fand:
Ward ihrem Reiz doch nichts dadurch entwandt,
Und selbst ihr Reiz schien solche zu verlangen.
Sie putzte sich nicht mühsam aus,
Sie prahlte nicht mit teuren Kostbarkeiten.

Ein

Ein artig Band, ein frischer Strauß,
Die über ihren Ort, den sie erlangt, sich freuten,
Und eine nach dem Leib wohl abgemeßne Tracht
War Carolinens ganze Pracht.

Ein Freier kam; man wies ihm Philippinen;
Er sah sie an, erstaunt, und hieß sie schön;
Allein sein Herz blieb frei, er wollte wieder gehn.
Kaum aber sah er Carolinen:
So blieb er vor Entzückung stehn.

Im Bilde dieser Frauenzimmer
Zeigt sich die Kunst und die Natur;
Die erste prahlt mit weit gesuchtem Schimmer,
Sie fesselt nicht; sie blendet nur.
Die andre sucht durch Einfalt zu gefallen,
Läßt sich bescheiden sehn; und so gefällt sie allen.

Der Maler

Ein kluger Maler in Athen,
Der minder, weil man ihn bezahlte,
Als, weil er Ehre suchte, malte,
Ließ einen Kenner einst den Mars im Bilde
sehn,
Und bat sich seine Meinung aus.
Der Kenner sagt ihm frei heraus,
Daß ihm das Bild nicht ganz gefallen wollte,
Und daß es, um recht schön zu sein,
Weit minder Kunst verraten sollte.
Der Maler wandte vieles ein:
Der Kenner stritt mit ihm aus Gründen,
Und konnt ihn doch nicht überwinden.

Gleich trat ein junger Geck herein,
Und nahm das Bild in Augenschein.
»O«, rief er, bei dem ersten Blicke,
»Ihr Götter, welch ein Meisterstücke!
Ach welcher Fuß! O wie geschickt
Sind nicht die Nägel ausgedrückt!
Mars lebt durchaus in diesem Bilde.
Wie viele Kunst, wie viele Pracht,
Ist in dem Helm, und in dem Schilde,
Und in der Rüstung angebracht!«

Der

Der Maler

Der Maler ward beschämt gerühret,
Und sah den Kenner kläglich an.
»Nun«, sprach er, »bin ich überführet!
Ihr habt mir nicht zuviel getan.«
Der junge Geck war kaum hinaus:
So strich er seinen Kriegsgott aus.

Wenn deine Schrift dem Kenner nicht gefällt;
So ist es schon ein böses Zeichen;
Doch wenn sie gar des Narren Lob erhält:
So ist es Zeit, sie auszustreichen.

Die beiden Schwalben

Zwo Schwalben sangen um die Wette,
Und sangen mit dem größten Fleiß;
Doch wenn die eine schrie, daß sie den Vorzug hätte,
Gab doch die andre sich den Preis.
Die Lerche kömmt. Sie soll den Streit entscheiden;
Und beide stimmen herzhaft an.
»Nun«, hieß es: »sprich, wer von uns beiden
Am meisterlichsten singen kann?«
»Das weiß ich nicht«, sprach sie bescheiden,
Und sah sie ganz mitleidig an,
Und wollte sich nach ihrer Höhe schwingen.
Doch nein, sie suchten ihr den Ausspruch abzuzwingen.
»So«, sprach sie, »will ichs denn gestehn:
Die kann so gut wie jene singen;
Doch singt, solang ihr wollt, es singt doch keine schön.
Hört man das Lied geistreicher Nachtigallen:
So kann uns eures nicht gefallen.«

Ihr mittelmäßigen Skribenten,
O wenn wir euch doch friedsam machen könnten!
Ihr zankt, wer besser denkt? Laßt keinen Streit ent-
stehn.
Wir wollen keinen von euch kränken;

Der eine kann so gut wie jener denken;
Doch keiner von euch denket schön.
Ihr Schwätzer! Zankt nicht um die Gaben
Der geistlichen Beredsamkeit.
Solange wir Mosheime haben:
So sehn wir ohne Schwierigkeit,
Daß ihr beredte Kinder seid.
Zankt nicht um eure hohen Gaben,
Ihr Gründlichen! o bleibt in Ruh.
Du demonstrierst wie er, und er so fein wie du;
Allein solange wir Leibnize vor uns haben:
So hört euch keine Seele zu.
O zankt nicht um des Phöbus Gaben,
Reimreiche Sänger unsrer Zeit!
Ihr alle reimt mit gleicher Fertigkeit;
Allein solange wir noch Hagedorne haben:
So denkt man nicht daran, daß ihr zugegen seid.

Die beiden Schwalben

Das Unglück der Weiber

In eine Stadt, mich deucht, sie lag in Griechenland,
Drang einst der Feind, von Wut entbrannt,
Und wollte, weil die Stadt mit Sturm erobert worden,
Die Bürger, in der Raserei,
Bis auf den letzten Mann ermorden.
O Himmel! welch ein Angstgeschrei
Erregten nicht der Weiber blasse Scharen.
Man stelle sich nur vor, wenn tausend Weiber schrein,
Was muß das für ein Lärmen sein!
Ich zittre schon, wenn zwei nur schrein.

Sie liefen mit zerstreuten Haaren,
Mit Augen, die von Tränen rot,
Mit Händen, die zerrungen waren,
Und warfen schon, vor Angst halbtot,
Sich vor den Feldherrn der Barbaren,
Und flehten in gemeiner Not
Ihn insgesamt um ihrer Männer Leben.
So hats von Tausenden nicht eine Frau gegeben,
Die sich gewünscht, des Mannes los zu sein?
Von Tausenden nicht eine? Nein.
Nun, das ist viel; da muß, bei meinem Leben!
Noch gute Zeit gewesen sein.

So hart, als auch der Feldherr war:
So konnt er doch dem zauberischen Flehen
Der Weiber nicht ganz widerstehen.
Denn welchen Mann, er sei auch zehnmal ein Barbar,
Weiß nicht ein Weib durch Tränen zu bewegen?
Mein ganzes Herz fängt sich hier an zu regen.
Ich hätte nicht der General sein mögen,
Vor dem der Weiber Schar so kläglich sich vereint;
Ich hätte wie ein Kind geweint,
Und ohne Geld den Männern gleich das Leben,
Und jeder Frau zu ihrer Ruh
Den Mann, und einen noch dazu,
Wenn sies von mir verlangt, gegeben.

Allein so gar gelind war dieser Feldherr nicht.
»Ihr Schönen!« fängt er an und spricht.
Ihr Schönen? Dieses glaub ich nicht.
Ein harter General wird nicht so liebreich sprechen.
Was willst du dir den Kopf zerbrechen?
Genug! Er hats gesagt. Ein alter General
Hat, dächt ich, doch wohl wissen können,
Daß man die Weiber allemal,
Sie sein es oder nicht, kann »meine Schönen« nennen.

»Ihr Schönen«, sprach der General,
»Ich schenk euch eurer Männer Leben;
Doch jede muß für den Gemahl
Mir gleich ihr ganz Geschmeide geben.
Und die ein Stück zurückbehält,
Verliert den Mann vor diesem Zelt.«

Wie? Fingen nicht die Weiber an zu beben?
Ihr ganz Geschmeide hinzugeben?
Den ganzen Schmuck für einen Mann?

 Gewiß

Gewiß, der General war dennoch ein Tyrann.
Was halfs, daß er »Ihr Schönen!« sagte,
Da er die Schönen doch so plagte?
Doch weit gefehlt, daß auch nur eine zagte:
So holten sie vielmehr mit Freuden ihren Schmuck.
Dem General war dies noch nicht genug.
Er ließ nicht eh nach ihren Männern schicken,
Als bis sie einen Eid getan
(Der General war selbst ein Ehemann),
Bis, sag ich, sie den Eid getan,
Den Männern nie die Wohltat vorzurücken,
Noch einen neuen Schmuck den Männern abzudrücken.
Drauf kriegte jede Frau den Mann.

O welche Wollust! Welch Entzücken!
Vergebens wünsch ichs auszudrücken,
Mit welcher Brünstigkeit die Frau den Mann umfing!
Mit was für sehnsuchtsvollen Blicken
Ihr Aug an seinem Auge hing!

Der Feind verließ die Stadt. Die Weiber blieben stehen,
Um ihren Feinden nachzusehen;
Alsdann flog jede froh mit ihrem Mann ins Haus.
Ist die Geschichte denn nun aus?
Noch nicht, mein Freund. Nach wenig Tagen
Entfiel den Weibern aller Mut.
Sie grämten sich, und durftens doch nicht sagen.
Wer wirds, den Eid zu brechen, wagen?
Genug, der Kummer trat ins Blut.
Sie legten sich; drauf starben in zehn Tagen,
Des Lebens müd und satt, neunhundert an der Zahl.
Der alte böse General!

Das Unglück der Weiber

Der sterbende Vater

Ein Vater hinterließ zween Erben,
Christophen, der war klug, und Görgen, der war dumm.
Sein Ende kam, und kurz vor seinem Sterben
Sah er sich ganz betrübt nach seinem Christoph um.
»Sohn«, fing er an, »mich quält ein trauriger Gedanke:
Du hast Verstand, wie wird dirs künftig gehn?
Hör an, ich hab in meinem Schranke
Ein Kästchen mit Juwelen stehn,
Die sollen dein. Nimm sie, mein Sohn,
Und gib dem Bruder nichts davon.«

Der Sohn erschrak und stutzte lange.
»Ach Vater«, hub er an, »wenn ich so viel empfange,
Wie kömmt alsdann mein Bruder fort?«
»Er?« fiel der Vater ihm ins Wort,
»Für Görgen ist mir gar nicht bange,
Der kömmt gewiß durch seine Dummheit fort.«

Der junge Drescher

Dem Drescher, der im weichen Gras
Vor seinem Topf, mit Milch und schwarzem Brote,
saß,
Dem wollte seine Milch nicht schmecken.
Er fing verdrießlich an, sich in das Gras zu strecken,
Dacht ängstlich seinem Schicksal nach,
Und dehnte sich dreimal, und sprach:
Du bist ein schlechter Kerl, du hast kein eignes Dach,
Und mußt dich Tag vor Tag mit deinem Flegel plagen.
Du tätst ja gern mit deinem Schatze schön;
Allein, du Narr, mußt in der Scheune stehn,
Und kannst nach langen vierzehn Tagen
Kaum einmal in die Schenke gehn,
Und einen Krug mit Bier und deine Mieke sehn.
Du bist noch jung, und kannst hübsch lesen und hübsch
schreiben,
Und wolltest stets ein Drescher bleiben?
Des Schulzens Tochter ist dir gut,
Ist reich und kann sich hübsch gebärden:
So nimm sie doch. Du kannst, mein Blut!
Wohl mit der Zeit noch Schulze werden.
Alsdann ißt du dein Stücke Fleisch in Ruh,
Und trinkst dein gutes Bier dazu,
Und hast gleich nach dem Pfarr die Ehre –
O wenn ich doch schon Schulze wäre!

Indem Hanns noch so sprach, kam seine Schöne her.
Sie tat, als käme sie nur so von ungefähr;
Allein sie kam mit Fleiß, weil sie ihn sprechen wollte,
Und er verwegen sein, und sie recht herzen sollte.
Denn Mädchen, wenn sie gleich das Dorf erzogen hat,
Sind wie die Mädchen in der Stadt.

Hanns zieht die Schöne sanft zu sich ins Grüne
nieder,
Lobt ihren neuen Latz, schielt öfters auf ihr Mieder,
Fast wie ein junger Herr. Nur mit dem Unterscheid,
Er hatte mehr Schamhaftigkeit.
Kurz, er fing an, sie recht verliebt zu küssen,
Bat um ihr Herz, und trug ihr Herz davon,
Und ward, wie viele noch auf diesem Dorfe wissen,
Des reichen Schulzen Schwiegersohn.
Kaum hatt er sie, so ward der Alte schon
Durch schnellen Tod der Welt und seinem Dorf entris-
sen.
Wen wird man nun Herr Schulze grüßen?
Wen anders, als den Schwiegersohn?

Er eilt ins Amt, kömmt bald und freudig wieder,
Und wirft sich auf die Bank, als Schulz im Dorfe,
nieder.

So wie ein durch den Fleiß vollendeter Student,
Nach einem glücklichen Examen,
Sich selbst vor trunkner Lust nicht kennt,
Wenn ihn die Magd in seiner Schöne Namen,
Nach einem tiefen Kompliment,
Das erstemal Herr Doktor nennt:
So wußt auch Hanns vor großer Freude
Nicht, wo er Händ und Füße ließ,

 Als

Der junge Drescher

Als ihn Schulmeisters Adelheide
Das erstemal Herr Schulze hieß.

Wie glücklich pries er sich in seiner Ehrenstelle!
Er aß sein Fleisch, und tat den Gästen oft Bescheid.
Allein es kamen mit der Zeit
Auch viel unangenehme Fälle.
Denn welches Amt ist wohl davon befreit?
Nach einer nicht gar langen Zeit
Warf sich Herr Hanns verdrießlich auf die Stelle,
Auf der er sich sein Glück erfreit,
Und oft gewünscht: Wenn ich doch Schulze wäre!
Ich, fing er zu sich selber an,
Ich habe Haus, und Hof, und Ehre,
Und bin mit alledem doch ein geplagter Mann.
Bald soll ich von der Bauern Leben
Im Amte Red und Antwort geben,
Da fährt mich denn der Amtmann an,
Und heißt mich einen dummen Mann.
Bald quälen mich die teuflischen Soldaten,
Und fluchen mir die Ohren voll.
Bald weiß ich mir bei den Mandaten,
Bald in Quatembern nicht zu raten,
Die ich dem Landknecht schaffen soll.

Die Bauern brummen, wenn ich strafe,
Und straf ich nicht: so lachen sie mich aus.
Sonst störte mich kein Mensch im Schlafe,
Itzt pocht mich jeder Narr heraus,
Und, wenn es niemand tut, so hunzt die Frau mich aus.
O wäre mirs nur keine Schande,
Ich griffe nach dem ersten Stande,
Und stürb als Drescher auf dem Lande.

Wer

Wer weiß, ob mancher Große nicht
Im Herzen wie der Schulze spricht?
Wer weiß, wie viele sonst zu Fuße ruhig waren,
Die itzund mißvergnügt in stolzen Kutschen fahren?
Wer weiß, ob manches Herz nicht viel zufriedner
schlug,
Eh es der Fürsten Gunst an einem Bande trug?
O lernt, ihr unzufriednen Kleinen,
Daß ihr die Ruh nicht durch den Stand gewinnt!
Lernt doch, daß die am mindsten glücklich sind,
Die euch am meisten glücklich scheinen!

Die glückliche Ehe

Gedankt sei es dem Gott der Ehen!
Was ich gewünscht, hab ich gesehen:
Ich sah ein recht zufriednes Paar;
Ein Paar, das ohne Gram und Reue,
Bei gleicher Lieb und gleicher Treue,
In kluger Ehe glücklich war.

Ein Wille lenkte hier zwo Seelen.
Was sie gewählt, pflegt er zu wählen,
Was er verwarf, verwarf auch sie.
Ein Fall, wo andre sich betrübten,
Stört ihre Ruhe nie. Sie liebten,
Und fühlten nicht des Lebens Müh.

Da ihn kein Eigensinn verführte,
Und sie kein eitler Stolz regierte:
So herrschte weder sie noch er,
Sie herrschten; aber bloß mit Bitten.
Sie stritten; aber wenn sie stritten,
Kam bloß ihr Streit aus Eintracht her.

So wie wir, eh wir uns vermählen,
Uns unsre Fehler klug verhehlen,
Uns falsch aus Liebe hintergehn:
So ließen sie auch in den Zeiten

Der

Die glückliche Ehe

Der zärtlichsten Vertraulichkeiten
Sich nie die kleinsten Fehler sehn.

Der letzte Tag in ihrem Bunde,
Der letzte Kuß von ihrem Munde
Nahm, wie der erste, sie noch ein.
Sie starben. Wenn? – Wie kannst du fragen?
Acht Tage nach den Hochzeitstagen;
Sonst würden dies nur Fabeln sein.

Die beiden Wächter

Zween Wächter, die schon manche Nacht
Die liebe Stadt getreu bewacht,
Verfolgten sich, aus aller Macht,
Auf allen Bier- und Branntweinbänken,
Und ruhten nicht, mit pöbelhaften Ränken,
Einander bis aufs Blut zu kränken;
Denn keiner brannte von dem Span,
Woran der andre sich den Tabak angezündet,
Aus Haß den seinen jemals an.
Kurz, jeden Schimpf, den nur die Rach erfindet,
Den Feinde noch den Feinden angetan,
Den taten sie einander an.
Und jeder wollte bloß den andern überleben,
Um noch im Sarg ihm einen Stoß zu geben.

Man riet und wußte lange nicht,
Warum sie solche Feinde waren;
Doch endlich kam die Sache vor Gericht,
Da mußte sichs denn offenbaren,
Warum sie, seit so vielen Jahren,
So heidnisch unversöhnlich waren.
Was war der Grund? Der Brotneid? War ers nicht?
Nein. Dieser sang: *Verwahrt* das Feuer und das Licht!
Allein so sang der andre nicht.
Er sang: *Bewahrt* das Feuer und das Licht!

Auch

Aus dieser so verschiednen Art,
An die sich beid im Singen zänkisch banden;
Aus dem *verwahrt* und dem *bewahrt*
War Spott, Verachtung, Haß, und Rach, und Wut entstanden.

Die Wächter, hör ich viele schrein,
Verfolgten sich um solche Kleinigkeiten?
Das mußten große Narren sein.
Ihr Herren! stellt die Reden ein,
Ihr könntet sonst unglücklich sein.
Wißt ihr denn nichts von so viel großen Leuten,
Die in gelehrten Streitigkeiten
Um Silben, die gleich viel bedeuten,
Sich mit der größten Wut entzweiten?

Das Kutschpferd

Ein Kutschpferd sah den Gaul den Pflug im Acker ziehn,
Und wieherte mit Stolz auf ihn.
»Wenn«, sprach es, und fing an, die Schenkel schön zu heben,
»Wenn kannst du dir ein solches Ansehn geben?
Und wenn bewundert dich die Welt?«
»Schweig«, rief der Gaul, »und laß mich ruhig pflügen,
Denn baute nicht mein Fleiß das Feld,
Wo würdest du den Haber kriegen,
Der deiner Schenkel Stolz erhält?«

Die ihr die Niedern so verachtet,
Vornehme Müßiggänger, wißt,
Daß selbst der Stolz, mit dem ihr sie betrachtet,
Daß euer Vorzug selbst, aus dem ihr sie verachtet,
Auf ihren Fleiß gegründet ist.
Ist der, der sich und euch durch seine Hand ernährt,
Nichts Bessers als Verachtung wert?
Gesetzt, du hättest beßre Sitten:
So ist der Vorzug doch nicht dein.
Denn stammtest du aus ihren Hütten:

Das Kutschpferd

So hättest du auch ihre Sitten.
Und was du bist, und mehr, das würden sie auch sein,
Wenn sie wie du erzogen wären.
Dich kann die Welt sehr leicht, ihn aber nicht entbehren.

Die

Die Fliege

Daß alle Tiere denken können,
Dies scheint mir ausgemacht zu sein.
Ein Mann, den auch die Kinder witzig nennen,
Aesopus hats gesagt, Fontaine stimmt mit ein.
Wer wird auch so mißgünstig sein,
Und Tieren nicht dies kleine Glücke gönnen,
Aus dem die Welt so wenig macht?
Denk oder denke nicht, darauf gibt niemand acht.

In einem Tempel voller Pracht,
Aus dem die Kunst mit ewgem Stolze blickte,
Dich schnell zum Beifall zwang, und gleich dafür entzückte,
Und wenn sie dich durch Schmuck bestürzt gemacht,
Mit edler Einfalt schon dich wieder zu dir brachte;
In diesem Bau voll Ordnung und voll Pracht
Saß eine finstre Flieg auf einem Stein und dachte.
Denn daß die Fliegen stets aus finstern Augen sehn,
Und oft den Kopf mit einem Beine halten,
Und oft die flache Stirne falten,
Kömmt bloß daher, weil sie soviel verstehn,
Und auf den Grund der Sachen gehn.
So saß auch hier die weise Fliege.

Ein

Die Fliege

Ein halbes Dutzend ernste Züge
Vefinsterten ihr Angesicht.
Sie denkt tiefsinnig nach und spricht:
»Woher ist dies Gebäud entstanden?
Ist außer ihm wohl jemand noch vorhanden,
Der es gemacht? Ich sehs nicht ein.
Wer sollte dieser Jemand sein?«
»Die Kunst«, sprach die bejahrte Spinne,
»Hat diesen Tempel aufgebaut.
Wohin auch nur dein blödes Auge schaut,
Wird es Gesetz und Ordnung inne,
Und dies beweist, daß ihn die Kunst gebaut.«
Hier lachte meine Fliege laut.
»Die Kunst?« sprach sie ganz höhnisch zu der Spinne.
»Was ist die Kunst? Ich sinn und sinne,
Und sehe nichts, als ein Gedicht.
Was ist sie denn? Durch wen ist sie vorhanden?
Nein, dieses Märchen glaub ich nicht.
Lern es von mir, wie dieser Bau entstanden:
Es kamen einst von ungefähr
Viel Steinchen einer Art hieher,
Und fingen an, zusammen sich zu schicken.
Daraus entstand der große hohle Stein,
In welchem wir uns beid erblicken.
Kann was begreiflicher als diese Meinung sein?«

Der Fliege können wir ein solch System vergeben;
Allein das große Geister leben,
Die einer ordnungsvollen Welt
Ein Ungefähr zum Ursprung geben,
Und lieber zufallsweise leben,

Als

Als einen Gott zum Thron erheben,
Das kann man ihnen nicht vergeben,
Wenn man sie nicht für Narren hält.

Der arme Greis

Um das Rhinozeros zu sehn
(Erzählte mir mein Freund), beschloß ich auszugehn.
Ich ging vors Tor mit meinem halben Gulden,
Und vor mir ging ein reicher, reicher Mann,
Der, seiner Miene nach, die eingelaufnen Schulden,
Nebst dem, was er damit die Messe durch gewann,
Und was er, wenns ihm glücken sollte,
Durch den Gewinst nun noch gewinnen wollte,
In schweren Ziffern übersann.

Herr Orgon ging vor mir. Ich geb ihm diesen Namen,
Weil ich den seinen noch nicht weiß.
Er ging; doch eh wir noch zu unserm Tiere kamen:
Begegnet uns ein alter schwacher Greis,
Für den, auch wenn er uns um nichts gebeten hätte,
Sein zitternd Haupt, das nur halb seine war,
Sein ehrlich fromm Gesicht, sein heilig graues Haar
Mit mehr als Rednerkünsten redte.
»Ach«, sprach er, »ach, erbarmt Euch mein!
Ich habe nichts, um meinen Durst zu stillen.
Ich will Euch künftig gern nicht mehr beschwerlich sein;
Denn Gott wird wohl bald meinen Wunsch erfüllen,
Und mich durch meinen Tod erfreun.
O lieber Gott! laß ihn nicht ferne sein.«

So sprach der Greis; allein was sprach der Reiche?
»Ihr seid ein so bejahrter Mann,
Ihr seid schon eine halbe Leiche,
Und sprecht mich noch um Geld zum Trinken an?
Ihr unverschämter alter Mann!
Müßt Ihr denn noch erst Branntwein trinken,
Um taumelnd in das Grab zu sinken?
Wer in der Jugend spart, der darbt im Alter nicht.« –
Drauf ging der Geizhals fort. Ein Strom schamhafter Zähren
Floß von des Alten Angesicht.
»O Gott! du weißts.« Mehr sprach er nicht.
Ich konnte mich der Wehmut kaum erwehren,
Weil ich etwas mitleidig bin.
Ich gab ihm in der Angst den halben Gulden hin,
Für welchen ich die Neugier stillen wollte,
Und ging, damit er mich nicht weinen sehen sollte.
Allein er rufte mich zurück.
»Ach!« sprach er mit noch nassem Blick,
»Ihr werdet Euch vergriffen haben,
Es ist ein gar zu großes Stück.
Ich bring Euch nicht darum, gebt mir so viel zurück,
Als ich bedarf, um mich durch etwas Bier zu laben!«
»Ihr«, sprach ich, »sollt es alles haben,
Ich seh, daß Ihrs verdient; trinkt etwas Wein dafür.
Doch, armer Greis, wo wohnet Ihr?«
Er sagte mir das Haus. – Ich ging am andern Tage
Nach diesem Greis, der mir so redlich schien,
Und tat im Gehn schon manche Frag an ihn.
Allein, indem ich nach ihm frage,
War er seit einer Stunde tot.
Die Mien auf seinem Sterbebette
War noch die redliche, mit der er gestern redte.
Ein Psalmbuch und ein wenig Brot

Lag

Lag neben ihm auf seinem harten Bette.
O, wenn der Geizhals doch den Greis gesehen hätte,
Mit dem er so unchristlich redte!
Und der vielleicht ihn itzt bei Gott verklagt,
Daß er vor seinem Tod ihm einen Trunk versagt.

So sprach mein Freund und bat, die Müh auf mich zu nehmen,
Und öffentlich den Geizhals zu beschämen.
Wiewohl ein Mann, der sich zu keiner Pflicht
Als für das Geld versteht, der schämt sich ewig nicht.

Calliste

O Leser! stelle dir mit zärtlichem Gemüte
Einmal die größte Schönheit vor,
Auf deren Stirn der Frühling lächelnd blühte,
Um deren Herz sich längst ein edelmütig Chor
Entzückter Jünglinge bemühte,
Die stell itzt deinem Geiste dar,
Und fühl es recht, wie schön sie war.

Die, deren Schicksal ich erzähle,
Calliste, groß durch ihren Stand,
Und edler noch durch ihre Seele,
Ließ, weil sie sich nicht wohl befand,
Und weil der Doktor ihr den Aderlaß befohlen,
Des Königs ersten Wundarzt holen.

Er, dieser so berühmte Mann,
Der schmachtend ingeheim Callistens Reiz verehrte,
Weil ihm ihr hoher Stand ein größer Glück verwehrte,
Nahm die Gelegenheit mit tausend Freuden an.
Er kam. O wär er nie gekommen!
Er nimmt den weißen Arm, und streift ihn ängstlich auf,

Und

Und forscht, von Lieb und Ahndung eingenommen,
Mit Zittern nach der Adern Lauf,
Und streift in trunkner Angst den Arm noch vielmal
auf.

Callistens Freundin sieht ihn zagen,
Und sagts ihr (heimlich sagt sies ihr).
»O«, spricht sie: »Lassen Sie den Herrn nur ruhig
schlagen,
Und schlüg er zweimal fehl: so werd ich doch nichts
sagen,
Ich weiß, er meint es gut mit mir.«
Der Arzt sprach noch: »Das wollen wir nicht hoffen!«
Und schlug, und rief: »O unglückselger Schlag!
Ich habe ja den Puls getroffen!«
Und taumelte, bis er daniederlag.

Sie, noch für den besorgt (kann man was Edlers
denken?),
Der so gefährlich sie verletzt,
Verbot ihm oft, sich nicht um sie zu kränken,
Und blieb zween Tage lang bei allem Schmerz gesetzt.
Doch dies war nur geringes Leiden.
Die Ärzte sahn nunmehr die tödliche Gefahr,
Und wurden grausam eins, den Arm ihr abzu-
schneiden,
Weil sonsten keine Rettung war.
Und ohne sich darüber zu beklagen,
Reicht sie den Arm, den schönen Arm, schon dar,
Und bittet nur, den ja um Rat zu fragen,
Der schuld an diesem Unglück war.

So ward der Schönen denn das Leben
Für den Verlust des Arms gegeben?

So

Calliste

So war das Leben denn für so viel Schmerz der Lohn?
Sieh nur den Doktor an, sein Schrecken sagt dirs schon.
Er sieht den Brand, und spricht mit bangem Ton:
»Sie können länger nicht, als noch drei Tage leben!«

O Gott, wie kurz ist diese Frist!
Ihr Ärzte, helft ihr doch, wenn ihr zu helfen ist!

Auch hier blieb noch das große Herz gelassen.
»So«, sprach sie, »sterb ich denn? Wohlan! Er ist nicht schuld,
Er würde gern für mich erblassen.
Gott hats verhängt; Gott ehr ich durch Geduld,
Und bin bereit, den Augenblick zu sterben«
(Der Wundarzt trat indem herein);
»Sie aber«, fuhr sie fort, »setz ich hiemit zum Erben
Von allen meinen Gütern ein,
Sie möchten sonst unglücklich sein.«
Sie sprachs, und schlief großmütig ein.

Der Affe

Ein Affe sah ein Paar geschickte Knaben
Im Brett einmal die Dame ziehn,
Und sah auf jeden Platz, den sie dem Steine gaben,
Mit einer Achtsamkeit, die stolz zu sagen schien,
Als könnt er selbst die Dame ziehn.
Er legte bald sein Mißvergnügen,
Bald seinen Beifall an den Tag;
Er schüttelte den Kopf itzt bei des einen Zügen,
Und billigte darauf des andern seinen Schlag.

Der eine, der gern siegen wollte,
Sann einmal lange nach, um recht geschickt zu ziehn;
Der Affe stieß darauf an ihn
Und nickte, daß er machen sollte.
»Doch welchen Stein soll ich denn ziehn,
Wenn dus so gut verstehst?« sprach der erzürnte
Knabe.
»Den, jenen oder diesen da,
Auf welchem ich den Finger habe?«
Der Affe lächelte, daß er sich fragen sah,
Und sprach zu jedem Stein mit einem Nicken: Ja.

Um deren Weisheit zu ergründen,
Die tun, als ob sie das, was du verstehst, verstünden:
So frage sie um Rat. Sind sie mit ihrem Ja
Bei deinen Fragen hurtig da:
So kannst du mathematisch schließen,
Daß sie nicht das geringste wissen.

Der Bauer und sein Sohn

Ein guter dummer Bauerknabe,
Den Junker Hans einst mit auf Reisen nahm,
Und der, trotz seinem Herrn, mit einer guten Gabe,
Recht dreist zu lügen, wiederkam,
Ging, kurz nach der vollbrachten Reise,
Mit seinem Vater über Land.
Fritz, der im Gehn recht Zeit zum Lügen fand,
Log auf die unverschämtste Weise.
Zu seinem Unglück kam ein großer Hund gerannt.
»Ja, Vater«, rief der unverschämte Knabe,
»Ihr mögt mirs glauben oder nicht:
So sag ich Euchs, und jedem ins Gesicht,
Daß ich einst einen Hund bei – Haag gesehen habe,
Hart an dem Weg, wo man nach Frankreich fährt,
Der – ja, ich bin nicht ehrenwert,
Wenn er nicht größer war als Euer größtes Pferd.«

»Das«, sprach der Vater, »nimmt mich wunder;
Wiewohl ein jeder Ort läßt Wunderdinge sehn.
Wir, zum Exempel, gehn itzunder,
Und werden keine Stunde gehn:
So wirst du eine Brücke sehn
(Wir müssen selbst darüber gehn),
Die hat dir manchen schon betrogen
(Denn überhaupt solls dort nicht gar zu richtig sein);

 Auf

Auf dieser Brücke liegt ein Stein,
An den stößt man, wenn man denselben Tag gelogen,
Und fällt, und bricht sogleich das Bein.«

Der Bub erschrak, sobald er dies vernommen.
»Ach«, sprach er, »lauft doch nicht so sehr.
Doch wieder auf den Hund zu kommen,
Wie groß sagt ich, daß er gewesen wär?
Wie Euer großes Pferd? Dazu will viel gehören.
Der Hund, itzt fällt mirs ein, war erst ein halbes Jahr;
Allein das wollt ich wohl beschwören,
Daß er so groß, als mancher Ochse, war.«

Sie gingen noch ein gutes Stücke;
Doch Fritzen schlug das Herz. Wie konnt es anders sein?
Denn niemand bricht doch gern ein Bein.
Er sah nunmehr die richterische Brücke,
Und fühlte schon den Beinbruch halb.
»Ja, Vater«, fing er an, »der Hund, von dem ich redte,
War groß, und wenn ich ihn auch was vergrößert hätte:
So war er doch viel größer als ein Kalb.«

Die Brücke kömmt. Fritz! Fritz! wie wird dirs gehen!
Der Vater geht voran; doch Fritz hält ihn geschwind.
»Ach Vater!«, spricht er, »seid kein Kind,
Und glaubt, daß ich dergleichen Hund gesehen.
Denn kurz und gut, eh wir darüber gehen,
Der Hund war nur so groß, wie alle Hunde sind.«

Du mußt es nicht gleich übelnehmen,
Wenn hie und da ein Geck zu lügen sich erkühnt.
Lüg auch, und mehr als er, und such ihn zu beschämen:
So machst du dich um ihn und um die Welt verdient.

Der glückliche Dichter

Ein Dichter, der bei Hofe war –
Bei Hofe? Was? Bei Hofe gar?
Wie kam er denn zu dieser Ehre?
Ich wüßte nicht, was ein Poet,
Ein Mensch, der nichts vom Recht und Staat versteht,
Was der bei Hofe nötig wäre?
Was ein Poet bei Hofe nötig ist?
Ja, Freund, du hast wohl recht zu fragen.
Mich ärgerts, daß August zween Dichter gern vertragen,
Die man doch itzt kaum in den Schulen liest.
Was ists denn nun mit zehn Racinen
Und Molièren? Nichts! Gar nichts! Der eine macht,
Daß man bei Hofe weint, der andre, daß man lacht.
Das heißt dem Staate trefflich dienen,
Dadurch wird ja kein Groschen eingebracht.

Doch auf die Sache selbst zu kommen.
Ein Dichter, den der Hof in seine Gunst genommen,
Schlief einst bei Tag im Louvre ein. –
Wieso? War er berauscht? Das kann wohl möglich sein.
Man hat in Frankreich guten Wein.
Und Dichter sollen insgemein
Von Wahrheit, Liebe, Witz und Wein

Sehr

Sehr gute Freund und Kenner sein.
Ich mag die Welt nicht Lügen strafen,
Drum sag ich weder ja noch nein.

Gnug, der Poet war eingeschlafen,
Und war nicht schön, das man wohl merken muß;
Doch gab die Königin, den Schlaf ihm zu versüßen,
Ihm im Vorbeigehn einen Kuß.
»Was«, rief ein Prinz, »den blassen Mund zu küssen?«
»Blaß«, sprach die Königin, »blaß ist er, das ist wahr;
Doch sagt der Mann mit seinem blassen Munde
Mehr Schönes oft in einer Stunde
Als Sie, mein Prinz, durchs ganze Jahr.«

Die Mißgeburt

»Frau Orgon!« rief die Frau Gevatterin,
»Ach wüßten Sie, wo ich gewesen bin!
Ich will es Ihnen wohl entdecken;
Allein Sie müssen nicht erschrecken.
Ich komme gleich von einer Wöchnerin.
Lucinde, daß ichs kurz erzähle,
Lucinde, sie so stolze Seele,
Die uns durch ihren Staat so oft beschämt gemacht
Erschrecken Sie nur nicht, hat in vergangner Nacht
Ein Kind (verzeih mirs Gott!) mit langen Hasenohren,
Ein recht abscheulich Kind geboren.
Die stolze Frau! Ich richte nicht;
Allein ich weiß, daß nichts umsonst geschicht.
Lucinde wünscht, daß es verschwiegen bliebe;
Ich wünsch es selbst aus Menschenliebe;
Allein die Stadt erfährts, gedenken Sie an mich.
Indes behalten Sie die Heimlichkeit für sich.«

Frau Orgon eilt von ihr erschrocken zu Dorinden.
Sie fragt nach ihrem Wohlbefinden,
Und schmäht mit ihr die Weiber, die gern schmähn.
Wie? Sollte sie Dorinden nichts erzählen?
Nein, denn sie fängt schon an sich bestens zu
empfehlen.
Warum muß der Besuch so bald zu Ende gehn?

 Vielleicht

Vielleicht, weil beide sich von nichts zu reden schämen.
Deswegen? Nein, das glaub ich nicht.
Wie sollten dies sich Weiber übelnehmen?
Da mancher große Mann, gelehrt von Angesicht,
Oft tagelang von nichts mit großen Männern spricht.

So ist Frau Orgon schon gegangen?
Noch nicht. Nun aber geht sie fort.
Doch seht, sie kehrt sich um: »Frau Schwester, noch ein Wort,
Ein Wort! Es soll mich sehr verlangen,
Ob Sie –? Lucinde – Wie? Sie hätten nichts gehört?
Nichts, Gott vergib mir meine Sünde!
Nichts von der Mißgeburt der kostbaren Lucinde,
Mit welcher sie die Welt beschwert?
Hier sieht man recht die göttlichen Gerichte.
Ein Kind mit härichtem Gesichte,
Das einem Hasen gleicht, und einem Pferdefuß,
Bedenken Sie, wie das erschrecklich lassen muß!
Allein Lucinde wills verhehlen;
Drum sagen Sie nur weiter nichts davon.
Das arme Kind! Es ist ein Sohn.«

Dorinde sagts ihr zu. Und doch soll mirs nicht fehlen,
Sie wird die Neuigkeit, sobald sie kann, erzählen,
Weil jene sie, zu schweigen, bat.
Sie tut es so getreu, als es Frau Orgon tat.
Erst hat das Kind nur Hasenohren,
Frau Orgon schenkt ihm drauf noch einen Pferdefuß;
Allein Dorinden ists noch viel zu schön geboren.
Und weil sie was verbessern muß,
Tut sie dem Kinde den Gefallen
Und macht ihm noch an beide Hände Krallen.

Die Mißgeburt

Eh noch der Nachmittag verstrich,
Ließ das Geheimnis sich auf allen Gassen hören.
Die alten Mütter kreuzten sich,
Und suchten schon recht mütterlich
Durch dieses Zorngericht die Töchter zu bekehren.
Da war kein Mensch, der nicht mit einem Ach
Von diesem Wechselbalge sprach.
Die Knaben stritten selbst mit blutigem Gesichte
Schon für die Wahrheit der Geschichte.

Sobald als dies der Magistrat erfuhr,
Schickt er den Physikus nach dieser Kreatur.
Er kam neugierig zu Lucinden;
Allein anstatt den Wechselbalg zu finden,
Fand er ein wohlgestaltes Kind,
An dem die Ohren größer waren,
Als sie bei andern Kindern sind.
Das war die Mißgeburt, der man so mitgefahren!

Der Dörfer und der Städte Plage,
Verwünscht seist du, gemeine Sage!
Die schnell mit dem, was sie zu wissen kriegt,
Geheimnisvoll in alle Häuser fliegt,
Und, wenn sies dreimal sagt, vom neuen dreimal lügt.
Ein giftig Weib, was kann die nicht erzählen?
Zumal, wenn es der armen Freundin gilt.
Ein giftig Weib – Doch nein, ich mag nicht schmälen;
Mich schreckt die Redekunst, mit der sie andre schilt.

Die Ente

Die Ente schwamm auf einer Pfütze,
Und sah am Rande Gänse gehn,
Und konnt aus angebornem Witze
Der Spötterei unmöglich widerstehn.
Sie hob den Hals empor, und lachte dreimal laut,
Und sah um sich, so wie ein Witzling um sich schaut,
Der einen Einfall hat, und mit Geschrei und Lachen
So glücklich ist, ihm Luft zu machen.

Die Ente lachte noch, und eine Gans blieb stehn.
»Was«, sprach sie, »hast du uns zu sagen?«
»Ach nichts! Ich hab euch zugesehn,
Ihr könnt vortrefflich auswärts gehn.
Wie lange tanzt ihr schon? Das wollt ich euch nur
fragen.«
»Das«, sprach die Gans, »will ich dir gerne sagen;
Allein du mußt mit mir spazierengehn.«

Ihr Kleinen, die ihr stets so gern auf Größre
schmähet,
An ihnen tausend Fehler sehet,
Die ihr an euch doch nie entdeckt;

Die Ente

Glaubt, daß an euch der Sumpf, in dem ihr euch so
blähet,
Dieselben Fehler auch versteckt.
Und sollen sie der Welt, wie euch, unsichtbar bleiben:
So laßt euch nichts daraus vertreiben!

Till

Der Narr, dem oft weit minder Witz gefehlt,
Als vielen, die ihn gern belachen,
Und der vielleicht, um andre klug zu machen,
Das Amt des Albernen gewählt
(Wer kennt nicht Tills berühmten Namen?);
Till Eulenspiegel zog einmal
Mit andern über Berg und Tal.
Sooft als sie zu einem Berge kamen,
Ging Till an seinem Wanderstab
Den Berg ganz sacht und ganz betrübt hinab;
Allein wenn sie berganwärts stiegen,
War Eulenspiegel voll Vergnügen.
»Warum«, fing einer an, »gehst du bergan so froh?
Bergunter so betrübt?« – »Ich bin«, sprach Till, »nun so.
Wenn ich den Berg hinuntergehe:
So denk ich Narr schon an die Höhe,
Die folgen wird, und da vergeht mir denn der Scherz;
Allein wenn ich berganwärts gehe:
So denk ich an das Tal, das folgt, und faß ein Herz.«

Till

Willst du dich in dem Glück nicht ausgelassen freun,
Im Unglück nicht unmäßig kränken:
So lern so klug wie Eulenspiegel sein,
Im Unglück gern ans Glück, im Glück ans Unglück
denken.

Cleant

Cleant

Cleant, ein lieber Advokat,
Der, wie es ihm nach seinem Eid gebührte,
Der Unterdrückten Sache führte,
Und manchen armen Schelm vom Galgen und vom Rad
Durch seinen Witz losprozessierte,
Half, weil man ihn um seinen Beistand bat,
Die Unschuld zweener Diebe retten,
Und brachte sie, weil er geschickt verfuhr,
Bald von der Marter zu dem Schwur,
Und durch den Schwur aus ihren Ketten.
Das arme Volk! Da sieht mans nun,
Wie man der Welt kann Unrecht tun!
Denn wär er nicht so treu die Sache durchgegangen:
So hätte man das arme Paar,
Das seiner Tat fast überwiesen war,
In aller Unschuld aufgehangen.

Itzt waren sie nun beide frei,
Und dankten ihrem Advokaten
Auf ihren Knien für seine Treu,
Und zahlten ihm, was die Gebühren taten,
Und gaben ihm, von Dankbarkeit gerührt,
Ob er gleich nicht zu wenig liquidiert,
Noch einen Beutel mit Dukaten;

Und

Und schwuren ihm bei ihrer Ehrlichkeit,
Wenn beßre Zeiten kommen sollten,
Daß sie für diesen Dienst, durch den er sie befreit,
Ihn reichlicher belohnen wollten.

Allein die Nacht war vor der Tür.
Sie sahn nun, daß sie nicht nach Hause kommen
könnten;
Drum gab der Advokat den redlichen Klienten
Aus Dankbarkeit ein Nachtquartier,
Weil sie so gut bezahlet hatten.
Dies kam den Herren gut zustatten;
Denn sie bedienten sich der Nacht,
Und knöbelten den lieben Wirt im Bette,
Und stahlen das, was sie gebracht,
Und suchten fleißig nach, ob er nichts weiter hätte.
Drauf gingen sie zu ihm vors Bette,
Und nahmen höflich gute Nacht.

Der Wuchrer

Ein Wuchrer kam in kurzer Zeit
Zu einem gräflichen Vermögen,
Nicht durch Betrug und Ungerechtigkeit,
Nein, er beschwur es oft, allein durch Gottes Segen.
Und um sein dankbar Herz Gott an den Tag zu legen,
Und auch vielleicht aus heiligem Vertraun,
Gott zur Vergeltung zu bewegen,
Ließ er ein Hospital für arme Fromme baun.

Indem er nun den Bau zustande brachte,
Und vor dem Hause stund, und heimlich überdachte,
Wie sehr verdient er sich um Gott und Arme machte,
Ging ein verschmitzter Freund vorbei.
Der Geizhals, der gern haben wollte,
Daß dieser Freund das Haus bewundern sollte,
Fragt ihn mit freudigem Geschrei,
Obs groß genug für Arme sei?
»Warum nicht?« sprach der Freund. »Hier können viel Personen
Recht sehr bequem beisammen sein;
Doch sollen alle die hier wohnen,
Die Ihr habt arm gemacht: so ist es viel zu klein.«

 Der

Der Wucher

Der Tod der Fliege und der Mücke

Der Tod der Fliege heißt mich dichten;
Der Tod der Mücke heischt mein Lied.
Und kläglich will ich dir berichten,
Wie jene starb, und die verschied.

Sie setzte sich, die junge Fliege,
Voll Mut auf einen Becher Wein;
Entschloß sich, tat drei gute Züge,
Und sank vor Lust ins Glas hinein.

Die Mücke sah die Freundin liegen.
»Dies Grabmal«, sprach sie, »will ich scheun.
Am Lichte will ich mich vergnügen,
Und nicht an einem Becher Wein.«

Allein, verblendet von dem Scheine,
Ging sie der Lust zu eifrig nach;
Verbrannte sich die kleinen Beine,
Und starb nach einem kurzen Ach.

Ihr, die ihr euren Trieb zu nähren,
In dem Vergnügen selbst verdarbt,
Ruht wohl, und laßt zu euren Ehren
Mich sagen, daß ihr menschlich starbt.

Amynt

Amynt, der sich in großer Not befand,
Und, wenn er nicht die Hütte meiden wollte,
Die hart verpfändet war, zehn Taler schaffen sollte,
Bat einen reichen Mann, in dessen Dienst er stand,
Doch dieses Mal sein Herz vor ihm nicht zu verschließen;
Und ihm zehn Taler vorzuschießen.
Der Reiche ging des Armen Bitten ein.
Denn gleich aufs erste Wort? Ach nein!
Er ließ ihm Zeit, erst Tränen zu vergießen;
Er ließ ihn lange trostlos stehn,
Und oft um Gottes Willen flehn,
Und zweimal nach der Türe gehn.
Er warf ihm erst mit manchem harten Fluche
Die Armut vor, und schlug hierauf
Ihm in dem dicken Rechnungsbuche
Die Menge böser Schuldner auf,
Und fuhr ihn, denn dafür war er ein reicher Mann,
Bei jeder Post gebietrisch schnaubend an.
Dann fing er an sich zu entschließen,
Dem redlichen Amynt, der ihm die Handschrift gab,
Auf sechs Prozent zehn Taler vorzuschießen,
Und dies Prozent zog er gleich ab.

Indem

Indem daß noch der Reiche zählte:
So trat sein Handwerksmann herein
Und bat, weils ihm an Gelde fehlte,
Er sollte doch so gütig sein
Und ihm den kleinen Rest bezahlen.
»Ihr kriegt itzt nichts!« fuhr ihn der Schuldherr an;
Allein der arme Handwerksmann
Bat ihn zu wiederholten Malen,
Ihm die paar Taler auszuzahlen.
Der Reiche, dem der Mann zu lange stehenblieb,
Fuhr endlich auf: »Geht fort, Ihr Schelm, Ihr Dieb!«
»Ein Schelm? Dies wäre mir nicht lieb.
Ich werde gehn und Sie verklagen;
Amynt dort hats gehört.« – Und eilends ging der
Mann.

»Amynt!« fing drauf der Wuchrer an,
»Wenn sie Euch vor Gerichte fragen:
So könnt Ihr ja mir zu Gefallen sagen,
Ihr hättet nichts gehört. Ich will auch dankbar sein;
Und Euch, statt zehn, gleich zwanzig Taler leihn.
Denn diesen Schimpf, den er von mir erlitten,
Ihm auf dem Rathaus abzubitten,
Dies würde mir ein ewger Vorwurf sein.
Kurz, wollet Ihr mich nicht, als ein Zeuge, kränken:
So will ich Euch die zwanzig Taler schenken:
So kommt Ihr gleich aus aller Eurer Not.«

»Herr«, sprach Amynt, »ich habe seit zween Tagen
Für meine Kinder nicht satt Brot.
Sie werden über Hunger klagen,
Sobald sie mich nur wiedersehn.
Es wird mir an die Seele gehn.
Die Schuldner werden mich aus meiner Hütte jagen;

 Allein

Amynt

Allein ich wills mit Gott ertragen.
Streicht Euer Geld, das Ihr mir bietet, ein,
Und lernt von mir die Pflicht, gewissenhaft zu sein.«

Herodes und Herodias

Freund, wer ein Laster liebt, der liebt die Laster alle.
Wer ein Gesetz der Tugend übertritt,
Entheiligt in dem einen Falle
Im Herzen auch die andern mit.
O sprichst du, welche Sittenlehre
Gibt euch der Geist der Schwermut ein!
Gesetzt, daß ich der Wollust dienstbar wäre,
Werd ich deswegen wohl der Mordsucht eigen sein?
Ich glaub es, lieber Freund, du wirst es mir verzeihn;
Schrift und Vernunft behaupten diese Lehre.
Der Witz, der dich die Wahrheit lehrt,
Die Hurerei sie kein Verbrechen,
Wird, wenns dein Vorteil nur begehrt,
Das Wort zugleich der Mordsucht sprechen.
Auf einmal wird man nie der größte Bösewicht;
Allein den Grund dazu kann man auf einmal legen.
Verletze nur mit Vorsatz eine Pflicht:
So hast du schon das schreckliche Vermögen,
Wodurch dein Herz die andern bricht.
Warum gehorchst du den Gesetzen?
Weil Gott, der Heilige, der deine Wohlfahrt liebt,
Sie den Vernünftigen zu ihrer Wohlfahrt gibt.
Doch darfst du ein Gebot verletzen:
So schwächst du ja den Grund, auf dem sie alle stehn.

 Was

Herodes und Herodias

Was kann sich dir denn widersetzen,
Dich nicht an allen zu vergehn?

O merk es doch, noch unschuldsvolle Jugend!
Ich bitte dich, o merk es dir!
Es gibt nicht mehr als eine Tugend,
Und als ein Laster neben ihr.
Hast du den Vorsatz nicht, nach allen heilgen Pflichten,
Dich in und außer dir zu richten:
So prange hier und da mit guter Eigenschaft,
Dein Herz ist doch nicht tugendhaft.
Sooft dus wagst, nur eins von den Gesetzen,
Weil es dein Herz verlangt, mit Vorsatz zu verletzen:
So schwächst du aller Tugend Kraft,
Und bist bei hundert guten Taten,
Die Hoffnung oder Furcht, Ruhm und Natur dir raten,
Vor Gott und der Vernunft doch völlig lasterhaft.

O Jugend! faß doch diese Lehren,
Itzt ist dein Herz geschickt dazu.
Dem kleinsten Laster vorzuwehren,
Die Tugend ewig zu verehren,
Sei niemand eifriger als du.
Durch sie steigst du zum göttlichen Geschlechte,
Und ohne sie sind Könige nur Knechte.
Sie macht dir erst des Lebens Anmut schön.
Sie wird bei widrigem Geschicke
Dich über dein Geschick erhöhn.
Sie wird im letzten Augenblicke,
Wenn alle traurig von dir gehn,
In himmlischer Gestalt zu deiner Seite stehn,
Und in die Welt der selgen Herrlichkeiten

 Den

Den Geist, weil sie ihn liebt, begleiten.
Sie wird dein Schmuck vor jenen Geistern sein,
Die sich schon auf dein Glück und deinen Umgang freun.
O Mensch! ist dir dies Glück zu klein,
Um strenge gegen dich zu sein?

Nunmehr mag uns ein wahres Beispiel lehren,
Wie alle Laster sich von einem Laster nähren.

Herodias, wie uns die Schrift erzählt,
Brach dem die Treu, mit dem sie sich vermählt,
Und hing an seines Bruders Seite
Der Neigung nach, die auch ein Heide scheute;
Und die der Hof, der gern mit Worten spielt,
Für Zärtlichkeit und nicht für Unzucht hielt.

Doch laßt die Schmeichler knechtisch sprechen.
Johannes kömmt an Hof. Kein Thron verblendet ihn,
Von dem das Laster strahlt. Er sieht es, und spricht kühn:
»Du hast des Bruders Weib; dies, Fürst, ist ein Verbrechen.«
So redt ein Mann, aus dem der Geist der Tugend spricht.
Zur Niederträchtigkeit reizt ihn der Thron zu wenig.
Er fürchtet Gott mehr als den König,
Und hält den Mut für seine größte Pflicht,
Wenn er zu dessen Ehre spricht,
Von dem mit uns die Könige der Erden
Aus gleichem Staub gebildet werden.

So dreist sprach Zachariä Sohn;
Allein der Kerker ward sein Lohn.
Ein Widerruf könnt ihn daraus erretten;
Doch nein, ein Tugendfreund liegt lieber frei an Ketten,
Als sklavisch um der Fürsten Thron.
So frei indes Johannes auch gesprochen:
So blieb er doch dem Fürsten wert.
Denn selber der, der jede Pflicht gebrochen,
Wird durch ein Herz gereizt, das Gott und Tugend ehrt;
Ein heimliches Gefühl heißt ihn dies Herz noch lieben,
Und sich, daß ers nicht hat, noch hassen kann, betrüben.

Und also scheint der Fürst noch tugendhaft zu sein,
Sosehr ihn auch sein Laster eingenommen.
Wenn er unzüchtig ist, ist er drum grausam? Nein;
Doch laßt nur einen Umstand kommen:
So wird ers doch aus Wollust sein.
Kein Laster herrscht jemals allein.
Und du begingst vielleicht, wie er, das größte,
Wärst du zum größten nicht zu klein.

Der Fürstin Tochter tanzt an einem Freudenfeste.
Der Hof bewundert sie. Herodes wird entzückt,
Und fühlt, indem er sie erblickt,
Der Mutter Blick in ihrer Tochter Blicke.
Er winkt der Salome: »Gebeut itzt deinem Glücke,
Und bitte, was du willst! Für meine Lieb und dich
Ist nichts zu groß, und nichts zu königlich.«

Die Tochter eilt mit frohen Schritten
Zu der Herodias, und fragt: »Was soll ich bitten?«
»Bitt um des Täufers trotzig Haupt!«
O Gott! wer hätte das geglaubt?
Ist für ein weiches Herz, und für verbuhlte Blicke,
Ein blutig Haupt ein reizungsvolles Glücke?
Ein Weib, das sonst die kleinsten Schmerzen scheut,
Findt, da die Wollust ihr gebeut,
Selbst Wollust in der Grausamkeit?
Und lehrt zugleich die Tochter ein Verbrechen?

Herodes hört den Wunsch, erschrickt und wird betrübt,
Weil er den frommen Täufer liebt;
Allein der Fürstenstolz weist ihn auf sein Versprechen.
Hats nicht der Hof gehört? Bist du nicht Herr und Fürst?
Wird sich Herodias nicht gleich durch Kaltsinn rächen,
Wofern du nicht den Wunsch erfüllen wirst?
Gebeut, sprach seine Brunst, und eilig willigt er
In dieses grausame Vergnügen.
Man bringt des Täufers Haupt auf einer Schüssel her.

Hier siehst du ja, wie bald nach leichter Gegenwehr
In einem Laster alle siegen!

Der Freigeist

Ihr, die ihr nach der Tugend strebet;
Ihr, die ihr dem gehorsam seid,
Was die Vernunft und was die Schrift gebeut,
Ein Freigeist lacht euch aus, daß ihr so sklavisch lebet.
Was sucht ihr? fragt er euch; nicht die Zufriedenheit?
Ists möglich, sich so zu betrügen?
Um euch vergnügt zu sehn, raubt ihr euch das Vergnügen?
Ihr sucht die Ruh, und findt sie in der Last,
Haßt, was ihr liebt, und liebet, war ihr haßt.
Habt ihr Vernunft? Ich zweifle fast.
Die Freiheit in der Tugend finden,
Das heißt, um frei zu sein, sich erst an Ketten binden.

Dringt durch des Aberglaubens Nacht,
Die euch zu finstern Köpfen macht;
Folgt der Natur, genießt, was sie euch schenket;
Sucht nichts, als was ihr wünscht; flieht nichts, als was euch kränket;
Denkt frei, und lebet, wie ihr denket,
Und gebt nicht auf die Toren acht.
Der Pöbel ist der größte Hauf auf Erden,
Von diesem reißt euch los. Er weiß nicht, was er glaubt,
Hält seinen Trieb für unerlaubt,

 Und

Und sieht nicht, daß er sich sein Glück aus Milzsucht
raubt;
Sonst würd er nicht so abergläubisch werden.

Drum faßt den kurzen Unterricht:
Was viele glauben, glaubet nicht.
Sie glauben es aus Trägheit, nichts zu prüfen;
Doch ein Vernünftiger dringt in der Wahrheit Tiefen.
Was ist die Schrift? Was lehret sie?
Ein traurig Leben, reich an Müh,
Und Rätsel, die wir aufzuschließen,
Erst der Vernunft entsagen müssen.
Was ist das mächtige Gewissen?
Ein Ding, das die Erziehung schafft,
Ein heilig Erbteil aller Blöden;
Doch die, die wissen, was sie reden,
Empfinden nichts von seiner Kraft.

Folgt der Natur! Sie ruft; was kann sie anders wollen,
Als daß wir ihr gehorchen sollen?
Die Furcht erdachte Recht und Pflicht,
Und schuf den Himmel und die Hölle.
Setzt die Vernunft an ihre Stelle,
Was seht ihr da? Den Himmel und die Hölle?
O nein, ein weibisches Gedicht.
Laßt doch der Welt ihr kindisches Geschwätze.
Was jeden ruhig macht, ist jedes sein Gesetze.
Mehr glaubt und braucht ein Kluger nicht.

Dies war der Witz, mit dem in seinem Leben
Ein Freigeist sein System erwies;
Die Tugend von dem Throne stieß,
Um nur sein Laster drauf zu heben.

Sein

Der Freigeist

Sein böses Herz war ihm Vernunft und Gott,
Und der am Kreuze starb, war oft des Frechen Spott.

Sein Ende kam. Und der, der nie gezittert,
Ward plötzlich durch den Tod erschüttert.
Das Schrecken einer Ewigkeit,
Ein Richter, der als Gott ihm fluchte,
Ein Abgrund, welcher ihn schon zu verschlingen suchte,
Zerstörte das System tollkühner Sicherheit.
Und der, der sonst mit seinen hohen Lehren
Der ganzen Welt zu widerstehn gewagt,
Fing an, der Magd geduldig zuzuhören,
Und ließ von seiner frommen Magd,
Zu der er tausendmal »du christlich Tier« gesagt,
Sich widerlegen und bekehren.

So stark sind eines Freigeists Lehren!

Das Vermächtnis

Oront, der in der Welt das große Glück erlebt,
Das Fürsten oft den Hirten lassen müssen,
Das Glück, von einem Freund sich treu geliebt zu wissen;
Oront, der sich dies Glück, so arm er war, erstrebt,
Ward krank. Sein kluger Arzt sah aus verschiednen Fällen,
Daß keine Rettung möglich war,
Eröffnete dem Kranken die Gefahr,
Und hieß ihn bald sein Haus bestellen.

Oront, der sich nunmehr dem Irdischen entziehn,
Und frei im Geist den Tod erwarten wollte,
Bat, daß man seinen Freund ihm eiligst rufen sollte.
Sein Freund, sein Pylades, erschien.
»Ach!« sprach Oront, nach zärtlichem Umfassen,
»Ich sterb, und was mir Gott verliehn,
Will ich, mein Freund, dir hinterlassen:
Dir laß ich meinen Sohn, ihn redlich zu erziehn,
Und meine Frau, sie zu ernähren:
Denn du verdienst, daß sie dir angehören.«

Die Guttat

Wie rühmlich ists, von seinen Schätzen
Ein Pfleger der Bedrängten sein!
Und lieber minder sich ergetzen,
Als arme Brüder nicht erfreun.

Beaten fiel heut ein Vermögen.
Von Tonnen Golds durch Erbschaft zu.
»Nun«, sprach sie, »hab ich einen Segen,
Von dem ich Armen Gutes tu.«

Sie sprachs. Gleich schlich zu seinem Glücke
Ein siecher Alter vor ihr Haus,
Und bat, gekrümmt auf seiner Krücke,
Sich eine kleine Wohltat aus.

Sie ward durchdrungen von Erbarmen,
Und fühlte recht des Armen Not.
Sie weinte, ging und gab dem Armen
Ein großes Stück verschimmelt Brot.

Der

Die Guttat

Der Kandidat

Ein Kandidat, der gern befördert werden wollte,
Lag einem sehr berühmten Mann,
Der viel vermocht, inständig an,
Daß er sein Glück ihm machen sollte,
Und reichte, weil ein Platz im Ratstuhl offen war,
Dem Gönner eine Bittschrift dar.
Der Gönner las sie durch, und las sie mit Vergnügen.
»Es kränkt mich«, fing er an, und nahm ihn bei der Hand,
»Daß ich Sie eher nicht gekannt.
Ich lieb und ehre den Verstand.
Sie sollen dieses Amt vor allen andern kriegen.«

Er sprach darauf mit ihm, und was der Jüngling sprach,
Verriet den besten Geist, geschaffen zum Studieren,
Zum größten Amte nicht zu schwach,
Und wert, die andern zu regieren.

»Ach!« sprach der Gönner ganz erfreut,
»Nun kenn ich Sie; das Amt ist Ihre«,
Und in der größten Freundlichkeit
Ging er mit ihm bis vor die Türe.
Hier bot der Jüngling ihm ein großes Goldstück an,

Um

Um sichrer noch zu gehn. »Nein«, sprach der wackre Mann,
»Nunmehr soll dieses Amt nicht Ihre;
Denn wer Geschenke gibt, nimmt sie auch wieder an;
Ihr Herz ist schlecht.« Hier griff er nach der Türe.

Die schlauen Mädchen

Zwei Mädchen brachten ihre Tage
Bei einer alten Base zu.
Die Alte hielt zu ihrer Muhmen Plage
Sehr wenig von der Morgenruh.
Kaum krähte noch der Hahn bei frühem Tage:
So rief sie schon: »Steht auf, ihr Mädchen, es ist spät,
Der Hahn hat schon zweimal gekräht.«

Die Mädchen, die so gern noch mehr geschlafen hätten,
Denn überhaupt sagt man, daß es kein Mädchen gibt,
Die nicht den Schlaf und ihr Gesichte liebt,
Die wunden sich in ihren weichen Betten,
Und schwuren dem verdammten Hahn
Den Tod, und taten ihm, da sie die Zeit ersahn,
Den ärgsten Tod rachsüchtig an.

Ich habs gedacht, du guter Hahn!
Erzürnter Schönen ihrer Rache
Kann kein Geschöpf so leicht entfliehn.
Und ihren Zorn sich zuzuziehn,
Ist leider ein leichte Sache.

Der arme Hahn war also aus der Welt.
Vergebens nur ward von der Alten

Ein

Die schlauen Mädchen

Ein scharf Examen angestellt.
Die Mädchen taten fremd, und schalten
Auf den, der diesen Mord getan,
Und weinten endlich mit der Alten
Recht bitterlich um ihren Hahn.

Allein was halfs den schlauen Kindern?
Der Tod des Hahns sollt ihre Plage mindern,
Und er vermehrte sie noch mehr.
Die Base, die sie sonst nicht eh im Schlafe störte,
Als bis sie ihren Haushahn hörte,
Wußt in der Nacht itzt nicht, um welche Zeit es wär;
Allein weil es ihr Alter mit sich brachte,
Daß sie um Mitternacht erwachte:
So rief sie die auch schon um Mitternacht,
Die, später aufzustehn, den Haushahn umgebracht.

Wärst du so klug, die kleinen Plagen
Des Lebens willig auszustehn:
So würdest du dich nicht so oft genötigt sehn,
Die größern Übel zu ertragen.

Epiktet

Verlangst du ein zufriednes Herz:
So lern die Kunst, dich stoisch zu besiegen,
Und glaube fest, daß deine Sinnen trügen.
Der Schmerz ist in der Tat kein Schmerz,
Und das Vergnügen kein Vergnügen.
Sobald du dieses glaubst: so nimmt kein Glück dich ein,
Und du wirst in der größten Pein
Noch allemal zufrieden sein.
Das, sprichst du, kann ich schwer verstehen.
Ist auch die stolze Weisheit wahr?
Du sollst es gleich bewiesen sehen;
Denn Epiktet stellt dir ein Beispiel dar.

Ihn, als er noch ein Sklave war,
Schlug einst sein Herr mit einem starken Stabe
Zweimal sehr heftig auf das Bein.
»Herr«, sprach der Philosoph, »ich bitt Ihn, laß Ers sein,
Denn sonst zerschlägt Er mir das Bein.«
»Gut, weil ich dirs noch nicht zerschlagen habe:
So soll es«, rief der Herr, »denn gleich zerschlagen sein!«
Und drauf zerschlug er ihm das Bein;
Doch Epiktet, anstatt sich zu beklagen,

Epictet

Fing ruhig an: »Da sieht Ers nun!
Hab ichs Ihm nicht gesagt, Er würde mirs zer-
schlagen?«

Dies, Mensch, kann Zenons Weisheit tun!
Besiege die Natur durch diese starken Gründe.
Und willst du stets zufrieden sein:
So bilde dir erhaben ein,
Lust sei nicht Lust, und Pein nicht Pein.
Allein, sprichst du, wenn ich das Gegenteil empfinde,
Wie kann ich dieser Meinung sein?
Das weiß ich selber nicht; indessen klingts doch fein,
Trotz der Natur sich stets gelassen sein.

Elpin

Ein Großer in Athen, der kein Verdienst besaß,
Als daß er vornehm trank und aß,
Und sein Geschlecht zu rühmen nie vergaß,
Verlangte doch den Ruhm zu haben,
Als hätt er wirklich große Gaben.
Denn mancher, der, wenn ihn nicht die Geburt erhöht,
Da stünde, wo sein Christoph steht,
Und kaum zum Diener tüchtig wäre,
Hält desto mehr auf Ruhm und Ehre,
Je dreister sich sein Herz, trotz seinem Stolz, erkühnt;
Und ihm oft sagt, daß er sie nicht verdient.

In eben dieser Stadt, in der der Große wohnte,
War ein Poet, der die Verdienste pries,
Die Tugend durch sein Lied belohnte,
Und durch sein Lied unsterblich werden hieß;
Den bat Elpin, ihn zu besingen.
»Sie können«, sprach der große Mann,
»Durch meinen Namen sich zugleich in Ansehn bringen.«

»Mein Herr«, rief der Poet, »es geht unmöglich an.
Ich hab aus Eigensinn einst ein Gelübd getan,
Nur das Verdienst und nie den Namen zu besingen.«

 Das

Das Hospital

Elmire war zur Witwe worden,
Und nahm sich vor, nicht mehr zu frein.
Allein sie war noch jung; was macht man ganz allein?
Ich dächte doch, sie könnte wieder frein.
Der Witwenstand ist ein betrübter Orden.
Elmire sahs und schritt zur zweiten Wahl.
Allein sie war das erste Mal
Nicht gar zu wohl verwahret worden.
Denn leider sind die Zeiten so betrübt,
Daß es viel böse Männer gibt.
Elmire tat daher ein feierlich Gelübd,
Indem sie sich zur zweiten Ehe schickte:
Sie wollte, wenn es ihr mit ihrem Manne glückte,
Ein Hospital für fromme Männer baun;
Denn sie war reich. Und kurz, sie ließ sich wieder
traun.

O welche Lust erfolgt oft nach dem Leide!
Das war ein Mann, ein allerliebster Mann!
Fromm wie ein Kind, gefällig wie die Freude,
Und der auf nichts, als ihr Vergnügen sann.
Wie hätte sie sich ihn denn besser wünschen mögen?

Sie ließ geschwind den Grund zum Hospitale legen.
Vier Wochen strichen hin. Nun war der Grund gelegt.

 Und

Das Hospital

Und bald wird man das erste Stockwerk sehen;
Doch nein, Elmire kömmt, und heißt, vom Zorn bewegt,
Die Mäurer auseinandergehen.
Wie! Sollt es nicht mehr gut in ihrer Ehe stehen?
Das kann nicht möglich sein, sie sind ja kaum getraut.
Nun kurz und gut, es ward nicht fortgebaut.
Und ungefähr nach einem halben Jahre
Lag dieser Mann auch auf der Bahre.
Der liebe Mann!
Die Frau schwört Stein und Bein,
Ihr lebelang nicht mehr zu frein;
Und doch war sie nach zweiundfunfzig Wochen
(Der Bau muß ja vollendet sein!)
Bereits das dritte Mal versprochen.

O, das war erst ein würdiger Gemahl!
Verständig, zärtlich und verbindlich,
Nicht eigensinnig, nicht empfindlich;
Er bat da nur, wo jener wild befahl;
Die Blicke seiner Frau erfüllt er als Befehle.
Kurz, beide waren recht ein Herz und eine Seele.

Die gute Frau! Ich gönn ihr diesen Mann.
Allein sie wollte doch nicht trauen.
Sie fing nicht gleich, wie ehmals, an zu bauen.
Ich lobe sie darum, und hätt es selbst getan.
Der Henker mag den Männern trauen,
Wenn man so leicht zweimal sich irren kann.

Sie fand nunmehr nach einem halben Jahre
Den Gatten noch so liebenswert,
Als an dem Tag, da er, gefragt vor dem Altare,
Ihr durch ein seufzend Ja sein zärtlich Herz erklärt.

 Der

Der Bau wird fortgesetzt. Ich seh Elmiren kommen.
Wie freundlich sieht sie diesmal aus!
»Ach Meister, fördert doch das Haus!
Warum habt Ihrs denn angenommen?
Ich geb Euch ja das Geld voraus.
Laßt doch noch mehr Gesellen kommen!«

Ei, das geht gut! Ich kann mich nicht genug erfreun.
Das muß ein rechter Ehmann sein!

Die Mäurer fördern sich, und binnen vierzehn Tagen
Sieht man das erste Stockwerk stehn.
Und nun läßt sich Elmire wieder sehn.
Man siehts ihr an, sie hat etwas zu sagen,
Vielleicht sah sie die Mäurer müßig stehn;
Denn leider pflegts so herzugehn.
Vielleicht hat man am Bau etwas versehn?
Das sollte mich doch selbst verdrüßen.
Itzt öffnet sie den Mund. Nun wird sichs zeigen müssen.
»Ach«, fängt sie heftig an zu schrein:
»Hört auf, und reißt den Plunder ein!
Ich lasse keinen Stein mehr tragen.
Wofür verbaut ich denn mein Geld?
Für Männer, die die Weiber plagen?
Denn andre gibts nicht auf der Welt.«

Die böse Frau! Man sollte sie verklagen.

Der betrübte Witwer

In Poitou (ich will mit Fleiß die Gegend nennen,
Damit sich die befragen können,
Die, wenn ein kleiner Umstand fehlt,
Schon zweifeln, ob man wahr erzählt),
In Poitou ließ einst ein Mann sein Weib begraben;
Allein man merk es wohl, man ist in Poitou;
Da geht es, wenn sie Leichen haben,
So prächtig wie bei uns nicht zu.
Man kleidet sie geschwind mit leinen Sterberök-
ken,
Und trägt den Sarg, ohn ihn erst zuzudecken,
An den für ihn bestimmten Ort.
So trug man auch den offnen Sarg itzt fort;
Doch was geschieht, indem sie ihn so tragen?
Der Leichenweg ging dicht an einer Hecke hin;
Hier ritzt ein Dorn die tote Frau ins Kinn.
Auf einmal fängt sie an, die Augen aufzuschlagen,
Und ruft: »Wohin wollt ihr mich tragen?«
Hier, deucht mich, hör ich viele fragen,
Wie kam die gute Frau zurück?
Hielt es der Mann auch für ein Glück,
Die Hälfte wiederzubekommen,
Die ihm der Tod zuvor genommen?
Wie mag ihm wohl gewesen sein?

Das

Das letzte wird man gleich erfahren.
Nach weniger als sieben Jahren
Büßt sie das zweite Mal ihr junges Leben ein.
Der Mann gab ihr vom neuen das Geleite,
Und ging gesetzt an seiner Gattin Seite,
Wie alle harte Bauersleute.
Allein sobald er nur die Hecke wieder sah:
So wies er erst, wieviel sein Herz empfände.
Er rung mit Tränen beide Hände.
»Ach«, rief er aus, »da war es, da!
Kommt ja der Hecke nicht zu nah!«

Der Tartarfürst

Ein Tartarfürst, von dem man in Geschichten
preist,
Daß er, als Prinz, Europa durchgereist,
Befahl, weil er sein Volk galanter machen wollte,
Daß kein vornehmes Weib ihr Kind selbst stillen
sollte.
Die wilden Damen lachten nur;
Sie nährten nach wie vor ihr Kind mit ihren Brüsten,
Und glaubten; daß sie der Natur
Und ihren Müttern folgen müßten.
Der Chan fing an, sich zu entrüsten,
Gab ein sehr scharf Mandat, und schwur,
Daß jede Frau vom Stande sterben sollte,
Die für ihr Kind nicht Ammen halten wollte.
Und weil sie sich gezwungen sahn:
So nahmen sie denn Ammen an.
Allein sie konnten sich des Triebs nicht lang erwehren,
Ihr eigen Blut an ihrer Brust zu nähren.
Die meisten fingen an, dem Chan den Tod zu
schwören.

Einst, als der Tartarfürst sich ganz allein befand,
Kam, mit dem Degen in der Hand,
Ein vornehm Weib auf ihn gerannt,
Und sprach, von edlem Grimm entbrannt:

 Hör

Der Tartarfürst

»Hör auf, mein Kind mir abzudringen,
Sonst bin ich hier, dich umzubringen!
Ich säug es selbst, und säug es mir zur Lust,
Deswegen hab ich diese Brust.
In dieser Pflicht, mein Kind daran zu nehmen,
Soll mich, o Fürst, kein Tier beschämen.«

Der gute Tartarfürst erschrak,
Und unterließ, um nicht sein Leben zu verlieren,
Den europäischen Geschmack
In seinen Horden einzuführen.

Der junge Prinz

Ein junger Prinz, der sich des Oheims Gunst empfohlen,
Bekam von ihm zweihundert Stück Pistolen
Mit der Ermunterung, damit wohl umzugehn.

Er ließ nach einger Zeit sich wieder vor ihm sehn.
Indem daß nun der Oheim mit ihm redte:
So fragt er ihn zu gleicher Zeit,
Ob er das letzte Geld wohl angewendet hätte?
»Hier«, sprach der junge Prinz erfreut,
»Hier hab ich meine ganze Kasse;
An den zweihunderten fehlt nicht ein einzig Stück.«

Der Oheim nahm den Augenblick
Das Geld, und warf es auf die Gasse.
»Lernt, Prinz«, fing drauf der Oheim an,
»Die Kunst, das Geld nutzbarer anzuwenden;
Ein Prinz hat darum viel in Händen,
Damit er vielen dienen kann.«

Das neue Ehepaar

Nach so viel bittern Hindernissen,
Nach so viel ängstlicher Gefahr,
Als jemals noch ein zärtlich Paar
Hat dulden und beweinen müssen,
Ließ endlich doch die Zeit mein Paar das Glück genießen,
Das, wenns ein Lohn der Tugend ist,
Sie durch Beständigkeit zehnfach verdienet hatten.

Sie, die sich, hart bedroht, als Liebende geküßt,
Die küßten sich nunmehr erlaubt als Ehegatten,
Nachdem sie neidscher Freunde List
Und strenger Eltern Zorn liebreich besänftigt hatten.
Wer war, nach langer Jahre Müh,
Nun glücklicher als er und sie?
Denn, was man liebt, geliebt besitzen können;
In einem treuen Arm sich seines Lebens freun,
Ist, Menschen, dies kein Glück zu nennen:
So muß gar keins auf Erden sein.
Hier wett ich wohl, daß mancher heimlich spricht:
Der gute Mensch versteht es nicht.
Denn wär die Lieb ein Glück, was könnte mir denn fehlen,
Da ein erlesnes Weib in meinen Armen liegt?

Ist

Ist sie nicht reich und schön? Doch bin ich nicht vergnügt,
Ich glaub es, lieber Freund; allein sich so vermählen,
Wie viele tun, das heißt nicht lieben, nein.
Das heißt, mit weit getrennten Seelen
Ein Leib in einem Hause sein.

Ein unverhofftes Glück begegnet unsern beiden.
Wie weinen sie vor Zärtlichkeit!
Der arme Mann soll itzt auf kurze Zeit
Von seiner teuren Gattin scheiden,
Weil ihn ein naher Freund in einer fernen Stadt
Zum Erben eingesetzet hat.

Von heißen Lippen losgerissen,
Und doch entbrannt, sich länger noch zu küssen,
Sprach eines, was das andre sprach,
Dem andern immer stammelnd nach,
Ein Lebewohl, ein seufzend Ach.

Er stieg nunmehr ins Schiff (wie oft sah er zurücke!),
Und Doris blieb am Ufer stehn,
Um ihrem Damon, ihrem Glücke,
Noch lange schmachtend nachzusehn.
»O Himmel!« hört ich sie noch an dem Ufer flehn,
»Bring meinen Mann gesund zurücke!«

Das Schiff bringt ihn an seinen Ort.
Er schreibt mit jeder Post: »Bald, Doris, werd ich kommen.«
Kaum hat er auch sein Gut noch in Besitz genommen:
So eilt er schon zu Schiffe wieder fort,
Und schreibt, damit sie nichts von seiner Ankunft wüßte,

Daß

Das neue Ehepaar

Daß, wider sein gegebnes Wort,
Er noch acht Tage warten müßte,
Eh er sie wiedersäh und küßte.

Die junge Frau, die, wenn die Sonn entwich,
Aus ihrem von der See nicht fernen Hause schlich,
Und gern am Ufer sich verweilte,
Ging itzund an der Freundin Hand,
Mit der sie stets ihr Herze teilte,
An den ihr angenehmen Strand.

Sie redten. Und wovon? Errätst du dies noch nicht,
Wovon ein treues Weib, die schmachtend wartet,
spricht:
So bist du auch nicht wert, den Inhalt zu erfahren.
Nein, nein, verschweig es, mein Gedicht,
Wie zärtlich Doris' Wünsche waren!
Das Herz wird dem, der liebt, sie selber offenbaren,
Und für die andern schreib ich nicht.

Indem daß Doris noch mit manchem frohen Ach
Von ihres Gatten Ankunft redte,
Und von dem Gastgebote sprach,
Das sie sich ausgesonnen hätte;
Indem sie noch von ihrer Erbschaft redte,
Und, wenn sie den Entwurf von ihrem Glück gemacht,
Sich oft in dem Entwurfe störte,
Und den, der sie im Testament bedacht,
Mit dankerfüllten Tränen ehrte;
Indem sie zum voraus die Armen speisen ließ,
Und mütterlich den Waisen sich erwies,
Der Kranken Herz mit Stärkungen erquickte,
Und den Gefangnen Hülfe schickte;
Indem sie dies im Geist von ihrer Erbschaft tat

Und

Und, in ihr Glück vertieft, ans Ufer näher trat,
Fing ihre Freundin an: »Was schwimmt dort auf dem
Meere?
Ein Kästchen? Wie? wenns voll Juwelen wäre?
Ach Doris! wäre das nicht schön?
Allein ich sag es dir, ich habs zuerst gesehn,
Und kömmt es an den Strand geschwommen:
So ist das Glück des Schiffbruchs mein;
Doch du wirst ja bald niederkommen,
Und das versteht sich schon, ich muß Gevatter sein,
Dann bind ich dir drei Schnuren Perlen ein.«

Die junge Frau belohnte Scherz mit Scherze.
»Es nähert sich«, fing jene wieder an;
Doch wie erschraken sie, als sie zu ihrem Schmerze
Fern einen Leichnam schwimmen sahn.
»Wer weiß«, sprach Doris, welcher schon
Die Tränen in den Augen stunden,
»Wer weiß, ist der, der hier sein Grab gefunden,
Nicht grauer Eltern einzger Sohn?
Wer weiß, mit welcher trunknen Freude
Itzt die verlebten Alten beide,
Ihn zu empfangen, fertig stehn?
Und sich im Geist erfreun, die Braut ihm anzubieten,
Die sie für ihn erwählt, und treulich für ihn hüten.
Gott geb es nicht, daß sie den Anblick sehn.
Wer weiß, ward nicht durch seinen Tod
Der treusten Frau ein lieber Mann entrissen,
Die bald ihr eignes Weh, bald ihrer Kinder Not
In Armut wird beweinen müssen?
Wer weiß, wievielmal er betränt,
Eh er noch starb, das arme Weib erwähnt?
Doch, Freundin, komm von der betrübten Stelle,
Damit mein Herz nicht länger zittern darf.«

Dies

Dies sagte sie und ging, als eben eine Welle
Den Toten an das Ufer warf.
Die Freundin sah ihn an, und schrie mit Ungestüm:
»Mein Vetter!« und fiel neben ihm.

Auf dies Geschrei kam Doris wieder,
Der lieben Freundin beizustehn.
Ach, Doris, ach! was wirst du sehn?
Sie sieht, und fällt auf ihren Gatten nieder,
Und stirbt an seiner starren Brust.
Indes erwacht die Freundin wieder,
Und zeigt der Nachbarschaft den doppelten Verlust.
Hier bebte der, den man nie zittern sehn,
Und dem, der nie geweint, floß Wehmut vom Gesichte,
Und niemand fragte, was geschehn.
Der Anblick selbst erzählte die Geschichte.

Beweint, ihr mitleidsvollen Seelen,
Die traurigste Begebenheit
Elend gewordner Zärtlichkeit,
Und schmeckt das Glück, um andre sich zu quälen.
Laßt uns die Unschuld oft im größten Unglück sehn,
Und leidet mit bei fremden Schmerzen;
Dies Mitleid heiligt unsre Herzen,
Und heißt die Menschenlieb in uns ihr Haupt erhöhn.
Die Tugend bleibt uns noch im Unglück selber schön.

Der Jüngling

Ein Jüngling, welcher viel von einer Stadt gehört,
In der der Segen wohnen sollte,
Entschloß sich, daß er da sich niederlassen wollte.
Dort, sprach er oft, sei dir dein Glück beschert.
Er nahm die Reise vor, und sah schon mit Vergnügen
Die liebe Stadt auf einem Berge liegen.
Gottlob! fing unser Jüngling an,
Daß ich die Stadt schon sehen kann;
Allein der Berg ist steil. O, wär er schon erstiegen!

Ein fruchtbar Tal stieß an des Berges Fuß.
Die größte Menge schöner Früchte
Fiel unserm Jüngling ins Gesichte.
O, dacht er, weil ich doch sehr lange steigen muß:
So will ich, meinen Durst zu stillen,
Den Reisesack mit solchen Früchten füllen.
Er aß, und fand die Frucht vortrefflich vom Geschmack,
Und füllte seinen Reisesack.

Er stieg den Berg hinan, und fiel den Augenblick
Beladen in das Tal zurück.
»O Freund!« rief einer von den Höhen,
»Der Weg zu uns ist nicht so leicht zu gehen.
Der Berg ist steil, und mühsam jeder Schritt.

 Und

Der Jüngling

Und du nimmst dir noch eine Bürde mit?
Vergiß das Obst, das du zu dir genommen,
Sonst wirst du nicht auf diesen Gipfel kommen.
Steig leer, und steig beherzt, und gib dir alle Müh;
Denn unser Glück verdienet sie.«

Er stieg, und sah empor, wie weit er steigen müßte.
Ach Himmel! ach, es war noch weit.
Er ruht und aß zu gleicher Zeit
Von seiner Frucht, damit er sich die Müh versüßte.
Er sah bald in das Tal, und bald den Berg hinan;
Hier traf er Schwierigkeit und dort Vergnügen an.
Er sinnt. Ja ja, er mag es überlegen.
Steig, sagt ihm sein Verstand, bemüh dich um dein Glück.
Nein, sprach sein Herz, kehr in das Tal zurück;
Du steigst sonst über dein Vermögen.
Ruh etwas aus, und iß dich satt,
Und warte, bis dein Fuß die rechten Kräfte hat.
Dies tat er auch. Er pflegte sich im Tale,
Entschloß sich oft zu gehn, und schien sich stets zu matt.
Das erste Hindernis galt auch die andern Male.
Kurz, er vergaß sein Glück, und kam nie in die Stadt.

Dem Jüngling gleichen viele Christen.
Sie wagen auf der Bahn der Tugend einen Schritt,
Und sehn darauf nach ihren Lüsten,
Und nehmen ihre Lüste mit.
Beschwert mit diesen Hindernissen,
Weicht bald ihr träger Geist zurück.
Und, auf ein sinnlich Glück beflissen,
Vergessen sie die Müh um ein unendlich Glück.

Erast

Dorant, ein reicher Mann, der weiter keinen Erben,
Als einen Vetter hinterließ,
Der reicher war als er, und keinem Guts erwies,
Dorant beschloß bei seinem Sterben,
An seines Vetters Statt Erasten zu erfreun,
Und setzte diesen Freund, ders würdig war, zum Erben
Von zwanzigtausend Talern ein.

Der Vetter, der die Stadt recht giftig überredte,
Als ob Erast, der so rechtschaffne Mann,
Das Testament erschlichen hätte,
Fing einen Streit um dies Vermögen an,
Und lief, von Neid und Geiz gedrungen,
Mit schrecklichen Beschuldigungen,
Und mit Geschenken vor Gericht;
Allein sooft auch die das Recht erzwungen:
So siegten sie doch diesmal nicht.

Erast gewann. »Doch dich«, spricht er, »zu überführen,
Ob ich das Testament mit List an mich gebracht:
So will ich das, was mir mein Freund vermacht,
Nachdem ich es gewann, verlieren.
Die Hälfte schenk ich dir, um dich zu widerlegen.

Zweitausend Taler sollen mein;
Und das noch übrige Vermögen
Soll ein Geschenk für arme Waisen sein.
Verdien ich noch den schrecklichen Verdacht,
Daß ich das Testament mit List an mich gebracht?«

Das Pferd und der Esel

Ein Pferd, dem Geist und Mut recht aus den Augen sahn,
Ging, stolz auf sich und seinen Mann,
Und stieß (wie leicht ist nicht ein falscher Schritt getan!)
Vor großem Feuer einmal an.
Ein träger Esel sahs und lachte.
»Wer«, sprach er, »würd es mir verzeihn,
Wenn ich dergleichen Fehler machte?
Ich geh den ganzen Tag, und stoß an keinen Stein.«
»Schweig«, rief das Pferd, »du bist zu meinem Unbedachte,
Zu meinen Fehlern viel zu klein.«

Das Pferd und der Esel

Cotill

Cotill, der, wie es vielen geht,
Nicht wußte, was er machen sollte,
Und doch nicht müßig bleiben wollte;
Denn müßig gehn, wenn mans nicht recht versteht,
Ist schwerer, als man denken sollte;
Cotill ging also vor die Stadt,
Und machte sich etwas zu schaffen.
Er ging, und schlug im Gehen oft ein Rad.
»O«, schrie man, »seht den jungen Laffen,
Der den Verstand verloren hat!
Er macht die Hände gar zu Füßen.
Ihr Kinder, zischt den Narren aus!«
Allein Cotill ließ sich dies alles nicht verdrüßen.
Kurz, es gefiel ihm so, er ging vors Tor hinaus.
Man mochte, was man wollte, sagen,
Er fuhr doch fort, im Gehn sein Rad zu schlagen.

»Der Teufel! Seht, das war ein rechtes Rad!«
Fing endlich einer an zu fluchen.
»Ich möcht es doch bald selbst versuchen.«
Er sagt es kaum, als ers schon tat.
»Nun«, sprach er, »seh ich wohl, wieviel man Vorteil hat.
Es ist ganz hübsch um so ein Rad,
Denn man erspart sich viele Schritte.

Der

Der Mann ist nicht so dumm, der es erfunden hat.«
Den Tag darauf kam schon der dritte,
Und tat es nach. Die Zahl vermehrte sich.
In kurzem sprach man schon gelinder;
Man fragte stark nach dem Erfinder,
Und lobt ihn endlich öffentlich.

Nimm alles vor, es sei so toll es will.
Heiß anfangs närrisch wie Cotill;
Dein Beifall ist drum nicht verloren.
Sei nur beherzt, und spare keinen Fleiß,
Ein Tor findt allemal noch einen größern Toren,
Der seinen Wert zu schätzen weiß.

Der beherzte Entschluß

Ein guter ehrlicher Soldat,
Der (denn was tut man nicht, wenn man getrunken hat?)
Im Trunke seinen Wirt erschlagen,
Ward itzt hinausgeführt, für seine Missetat
Den Lohn durchs Schwert davonzutragen.
Er sah wohl aus, und wer ihn sah,
Bedauerte sein schmählich Ende,
Und wünschte, daß er noch beim König Gnade fände.
Besonders ging sein schweres Ende
Auch einer alten Jungfer nah.
Auf einmal fühlte sie die Triebe
Des Mitleids und der Menschenliebe,
Und fühlte sie nur mehr, je mehr sie auf ihn sah.
»Ach Himmel! ists nicht ewig schade?
Der schöne lange Mensch! Was für ein fein Gesicht,
Und was für Augen hat er nicht!
Seht doch den Bart! Ist das nicht eine Wade!
Die Straf ist in der Tat zu groß.
Wer kann sich denn im Trunke zähmen?
Ich bitt ihn frei; ich will ihn nehmen.«

Sie lief, und schrie, und bat ihn los,
Indem Johann schon niederkniete.
»Johann«, fing drauf der Richter an,

Es

Der beherzte Entschluß

»Es findet sich ein redliches Gemüte,
Dies Weibsbild hier verlanget dich zum Mann,
Und wenn du sie verlangst: so schenk ich dir das Leben.«

Johann erschrak und sah die Jungfer an;
Sie trat hinzu, ihn aufzuheben.
»Ja«, sprach er, »Euer Dienst ist groß;
Allein es wird mir nicht viel fehlen,
Ihr werdet mich dafür zeitlebens quälen.
Ich seh Euchs an; was will ich lange wählen?
Haut zu! So komm ich doch der Qual auf einmal los.«

Der junge Gelehrte

Ein junger Mensch, der viel studierte,
Und, wie die Eltern ganz wohl sahn,
Was Großes schon im Schilde führte,
Sprach einen Greis um solche Schriften an,
Die stark und sinnreich denken lehrten,
Mit einem Wort, die zum Geschmack gehörten.

Der Alte ward von Herzen froh,
Und lobt ihm den Homer, den Plato, Cicero,
Und hundert mehr aus alt und neuer Zeit,
Die mit den heilgen Lorbeerkränzen
Der Dichtkunst und Wohlredenheit,
Umleuchtet von der Ewigkeit,
Den Jünglingen entgegenglänzen.
»O«, hub der junge Mensch mit stolzem Lächeln an:
»Ich habe sie fast alle durchgelesen;
Allein« – »Nun gut«, sprach der gelehrte Mann,
»Sind sie nach Seinem Sinn gewesen:
So muß Er sie noch zweimal lesen;
Doch sind sie Ihm nicht gut genug gewesen:
So sag Ers ja den Klugen nicht,
Denn sonst erraten sie, woran es Ihm gebricht,
Und heißen Ihn die Zeitung lesen.«

Das junge Mädchen

Ein junger Mensch sprach einen wackern Mann
Durch einen guten Freund um seine Tochter an.
Der Alte, der sein Kind noch nicht versprechen wollte,
War dennoch ungemein erfreut,
Und bat den Freund mit vieler Höflichkeit,
Daß er bei ihm zu Tische bleiben sollte.

Die Tochter, ob sich gleich der Vater sehr verstellt,
Errät die Sache bald. Was? fängt sie an zu schließen,
Ein fremder Herr, den man zu Tische gleich behält,
Was bringt doch der? Ich solls nicht wissen;
Allein umsonst bückt er sich nicht so tief vor mir.
Ist auch der gute Freund wohl meinetwegen hier?

Der Fremde hofft, es soll ihm noch gelingen,
Und wagt es bei dem Glase Wein,
Das Wort für seinen Freund noch einmal anzubringen.
»Mein Herr!« fiel ihm der Vater ein,
»O denken Sie doch nicht, daß ich zu hart verfahre:
Mein Kind kann wirklich noch nicht frein,
Sie ist zu jung, sie ist erst vierzehn Jahre.«

Indem er dies noch sprach, trat Fickchen selbst herein,
Und trug ein Essen auf. »Was?« fing sie an zu schreien,
»Was sagten Sie, Papa? Sie haben sich versprochen.

Ich

Das junge Mädchen

Ich sollt erst vierzehn Jahre sein?
Nein, vierzehn Jahr und sieben Wochen.«
Ließ sie der Vater denn nicht frein?
Das weiß ich nicht; doch nein, ich wills nur sagen;
Denn unter denen, die mich fragen,
Da könnten wohl selbst junge Mädchen sein;
Die zu beruhigen, will ichs aufrichtig sagen:
Der Vater schämte sich und ließ die Tochter frein.

Die beiden Knaben

Ein jüngrer und ein ältrer Bube,
Die der noch frühe Lenz aus der betrübten Stube
Vom Buche zu dem Garten rief,
Vielleicht, weil gleich ihr Informator schlief,
Gerieten beid an eine Grube,
In der der Schnee noch nicht zerlief.
»Ach Bruder«, sprach der kleine Bube,
»Was meinst du, ist das Loch wohl tief?
Ich hätte Lust« – »Was? Lust, hineinzuspringen?
Du mußt doch ausgelassen sein.
Versuch es nicht und spring hinein,
Du könntest dich ums Leben bringen.
Wir können uns ja sonst noch wohl erfreun,
Als daß wir uns und unsern Kleidern schaden,
Und kindisch Schnee und Eis durchwaden.
Und kömmst du drauf zum Vater naß hinein:
So hast dus da erst auszubaden.«
Doch keine Redekunst nahm unsern Knaben ein.
»Wer wird im Schnee denn gleich ersaufen?«
Und kurz und gut, er sprang hinein,
Und ließ sichs wohl in seiner Grube sein;
Doch kaum war er vor Kälte fortgelaufen:
So sprang der Philosoph so gut wie er hinein.

Dies

Dies ist die Kunst der strengen Moralisten.
Bekannt mit dem System, und von Grundsätzen voll,
Beweisen sie das, was man lassen soll,
So froh, als ob sie nichts von den Begierden wüßten.
Sie sind von besserm Ton als wir.
Sie bändigen ihr Herz durch die Gewalt der Schlüsse.
Uns Armen ist die Torheit süße;
Doch ihnen ekelt nur dafür.
Wir lassen sie, wenn wir sie unternehmen,
Aus gutem Herzen andern sehn,
Und denken nicht daran, daß wir uns so vergehn.
Sie aber, die gelehrt sich aller Torheit schämen,
Begehn die Tat, die sie uns übelnehmen,
Aus Tugend eher nicht, als bis wir es nicht sehn.

Die Bauern und der Amtmann

Ein sehr geschickter Kandidat,
Der lange schon mit vielem Lobe
Die Kanzeln in der Stadt betrat,
Tat auf dem Dorfe seine Probe;
Allein so gut er sie getan:
So stund er doch den Bauern gar nicht an.
Nein, der verstorbne Herr, das war ein andrer Mann,
Der hatte recht auf seinen Text studieret,
Und Gottes Wort, wie sichs gebühret,
Bald griechisch, bald ebräisch angeführet,
Die Kirchenväter oft zitieret,
Die Ketzer stattlich ausschändieret,
Und stets so fein schematisieret,
Daß er der Bauern Herz gerühret.

»Herr Amtmann, wie gesagt, erstatt Er nur Bericht,
Wir mögen diesen Herrn nicht haben.«
»So sagt doch nur, warum denn nicht?«
»Er hörts ja wohl, er hat nicht solche Gaben
Wie der verstorbne Herr.«
Der Amtmann widerspricht;
Der Suprintend ermahnt. Umsonst, sie hören nicht.
Man mag Amphion sein, und Fels und Wald bewegen,
Deswegen kann man doch nicht Bauern widerlegen.

Kurz, man erstattete Bericht,
Weil alle steif auf ihrem Sinn beharrten.

Nunmehr kömmt ein Befehl. Ich kann es kaum er-
warten,
Bis ihn der Amtmann publiziert.
Ich wette fast, ihr Bauern, ihr verliert!

Man öffnet den Befehl. Und seht, der Landsherr
wollte,
Daß man dem Kandidat das Priestertum vertraun,
Den Bauern gegenteils es hart verweisen sollte.

Der Suprintend fing an die Bauern zu erbaun,
Und sprach, so schwierig sie noch schienen,
Doch sehr gelind und fromm mit ihnen.
»Herr Doktor!« fiel ihm drauf der Amtmann in das
Wort,
»Wozu soll diese Sanftmut dienen?
Ihr Richter, Schöppen und so fort,
Hört zu! Ich will mein Amt verwalten.
Ihr Ochsen, die ihr alle seid!
Euch Flegeln geb ich den Bescheid,
Ihr sollt den Herrn zu eurem Pfarrn behalten.
Sagts, wollt ihr oder nicht? denn itzt sind wir noch
da.«

Die Bauern lächelten: »Ach ja, Herr Amtmann, ja!«

Der Freier

Ein Freier bat einst einen Freund,
Ihm doch ein Mädchen vorzuschlagen.
»Ich will dir zwei«, versetzte jener, »sagen,
Dann wähle die, die sich für dich zu schicken scheint.

Die erste hat, nebst einem Rittersitze,
Ein recht bezauberndes Gesicht,
Liebt den Geschmack, spricht mit dem feinsten Witze,
Und schreibt die Sprachen, die sie spricht.
Sie spielt den Flügel schön, und kann vortrefflich singen
Und malet so geschickt, als es die Kunst begehrt.
Und in der Wirtschaft selbst gibt sie gemeinen Dingen
Durch ihre Sorgfalt einen Wert.
Allein bei aller Kunst und allen ihren Gaben
Hat sie kein gutes Herz.
Die andre sieht nicht schön,
Wird wenig im Vermögen haben,
Und von den Künsten nichts, die jene kann, verstehn;
Doch bei Verstand und einem stillen Reize,
Der, ohne daß sies sieht, gefällt,
Besitzt sie, frei von Stolz und Geize,
Das beste Herze von der Welt.
Was tätst du wohl, wenn dich die erste haben wollte?«

Ach

Der Freier

»Ach«, fing der Freier an, »wenn dies geschehen sollte:
So spräch ich zu der ersten nein,
Um dadurch bald der andern wert zu sein.«

Emil

Emil, der seit geraumer Zeit,
Den Klugen wohl bekannt, bei seinen Büchern lebte,
Und mehr nach der Geschicklichkeit
Zu einem Amt, als nach dem Amte strebte,
Ward einst von einem Freund gefragt,
Warum er denn kein Amt noch hätte,
Da doch die ganze Stadt so rühmlich von ihm redte,
Und mancher sich vor ihm schon in ein Amt gewagt,
Der nicht den zehnten Teil von seinen Gaben hätte?
»Ich«, sprach Emil, »will lieber, daß man fragt,
Warum man mich doch ohn ein Amt läßt leben,
Als daß man fragt: warum man mir ein Amt gegeben?«

Der Knabe

Ein Knabe, der den fleißigen Papa,
Oft nach den Sternen gucken sah,
Wollt auch den Himmel kennenlernen.
Er blieb steif vor dem Sehrohr stehn,
Und sah begierig nach den Sternen;
Allein er konnte nicht viel sehn.
»Was heißt es denn«, sprach drauf der Knabe,
»Daß ich fast nichts erkennen kann?
Ha, ha, nun fällt mirs ein, was ich vergesssen habe;
Mein Vater fängt es anders an,
Er blinzt zuweilen zu, das hab ich nicht getan.
O bin ich nicht ein dummer Knabe!
Schon gut! Nun weiß ich, was ich tu.«
Und hurtig hielt er sich die Augen beide zu,
Und sah durchs Sehrohr nach den Sternen.
Der Narr! Was sah er denn? Das alles, was du siehst,
Wenn du, um durch die Schrift Gott deutlich sehn zu lernen,
Dir die Vernunft vorher entziehst.

Der Lügner

Ihr Meister in der Kunst zu lügen,
Rühmt euren Witz, schlau zu betrügen,
Soviel ihr uns davon erzählt:
So wett ich doch, daß euch die rechte List noch fehlt.
Ein schlechter Mensch, ihr werdet lachen,
Wird euch den Vorzug streitig machen.

In London saß ein böser Bube
Nebst einem andern auf den Tod.
Ein Anatomikus trat in die Kerkerstube,
Und tat auf seinen Leib dem einen ein Gebot.*
Doch Niklas schwur, daß ihn der Teufel holen sollte,
Eh er für diesen Preis dem Arzt sich lassen wollte.

»Herr«, schrie der andre Delinquent,
»Sagt, wie Ihr um den Kerl so lange handeln könnt?
Laßt seinen magern Leib den Raben.
Seht, wie gesund ich bin, wie fett! Ihr sollt mich haben.

* Es ist in London der Gebrauch, daß die Ärzte den verurteilten Missetätern ihren Leib abkaufen.

Der Lügner

Und wißt Ihr, was Ihr geben sollt?
Ich will es billig mit Euch machen:
Drei Gulden. Bin ich tot: so schneidet, wie Ihr wollt,
Ich will von keinem Schnitt erwachen.«
Kaum hat er noch das Geld empfangen:
So rief der witzge Delinquent:
»Gelogen! Herr, seht zu, wie Ihr mich kriegen könnt!
Ich werd in Ketten aufgehangen.«

Die Frau und der Geist

Vordem, da noch um Mitternacht,
Den armen Sterblichen zu dienen,
Die Geister dann und wann erschienen,
Ließ sich ein Geist, in einer weißen Tracht,
Vor einer Frau im Bette sehen,
Und hieß sie freundlich mit sich gehen,
Und ging mit ihr auf einen wüsten Platz.
»Frau«, sprach der Geist, »hier liegt ein großer Schatz;
Nimm gleich dein Halstuch ab, und wirf es auf den Platz,
Und morgen, um die zwölfte Stunde,
Komm her, dann findest du ein Licht,
Dem grabe nach, doch rede nicht;
Denn geht ein Wort aus deinem Munde:
So wird der Schatz verschwunden sein!«

Die Frau fand, zur gesetzten Stunde,
Die Nacht darauf sich mit dem Grabscheit ein.
Nun, die muß recht beherzt gewesen ein!
Ich fände mich gewiß nicht ein,
Und sollt ich zwanzig Schätze heben.
Wer stünde mir denn für mein Leben?
Die Nacht ist keines Menschen Freund.

 Und

Und wenns der Geist recht ehrlich mit mir meint:
So kann er mir den Schatz ja auf der Stube geben.

Die Frau verschlug das nichts. Sie eilt, den Schatz zu heben.
Frau, spricht sie bei sich selbst, beileibe sprich kein Wort,
Sonst rückt der Schatz auf ewig fort.
Sie hält, was sie sich vorgenommen.
Sie schwelgt und gräbt getrost. – Ha, ha, nun klingt es hohl,
Nun wird der rechte Fleck bald kommen.
Hier liegt der Schatz, das dacht ich wohl.
O seht, ein großer Topf von lauter Golde voll!
O wenn sie doch dasmal nicht redte,
Und zu dem schweren Topf gleich einen Träger hätte!
Ist denn ihr Geist nicht etwan auf dem Platz?
Er kömmt und hilft den Topf ihr aus der Erde nehmen.
»Ach«, rief sie schnell, »ich muß mich schämen,
Sie zu bemühn« – Weg war der Schatz!

Philinde

Philinde blieb oft vor dem Spiegel stehn;
Denn alles kann man fast den Schönen,
Nur nicht den Trieb, sich selber gern zu sehn,
Und zu bewundern, abgewöhnen.
Dies ist der Ton, aus dem die Männer schmähn;
Doch, Mädchen, bleibet nur vor euren Spiegeln stehn.
Ich laß es herzlich gern geschehn.
Was wolltet ihr auch sonst wohl machen?
Beständig tändeln, ewig lachen?
Und stets nach den Verehrern sehn?
Dies wäre ja nicht auszustehn.
Genug, das schöne Kind, von der ich erst erzählte,
Bespiegelte sich oft, und musterte das Haar,
Und besserte, wo nicht das mindste fehlte.

Ihr Bruder, der ein Autor war,
Sah sie am Spiegel stehn und schmälte.
»Habt Ihr Euch noch nicht satt gesehn?
Ich geb es zu, Ihr seid sehr schön;
Doch sein Gesicht die ganze Zeit besehn,
Verrät ein gar zu eitles Wesen.«
»Herr Autor«, sprach sie, »der Ihr seid,
Hebt mit mir auf; denn sich gern selber lesen,
Und gern im Spiegel sehn, ist beides Eitelkeit.«

Alcest

Philinde

Alcest

Alcest, den mancher Kummer drückte,
Der, weil er sich nicht zu dem Laster schickte,
Noch sich vor reichen Toren bückte,
Bei Fleiß und Kunst sich elend sah,
Stund neulich traurig auf. Freund, geht dir dies nicht
nah,
Daß viele Kluge darben müssen,
Bloß weil sie mehr als andre wissen,
Und, zu Betrug und List zu blind,
Zu groß zu Prahlerei und Wind,
Nicht knechtisch gnug zu Schmeichlern sind?

O Freund, bedaure doch Alcesten,
Ihn, den itzt schwere Sorgen preßten;
Ihn, der von einem Buch beschämt zum andern
schlich,
Und doch dem Kummer nicht entwich;
Ihn, der sich laut durch manchen Trostgrund lehrte,
Und doch sein Herz viel lauter seufzen hörte;
Der herzhaft zu sich selber sprach:
Gott lebt, Gott herrscht und hört dein Ach;
Er hört, so groß er ist, der jungen Raben Flehen;
Drum ist er nicht zu groß, auch dir mit beizustehen;

 Und

Und der, indem er dieses sprach,
Doch noch im Herzen rief: Wie wird dirs künftig
gehen?

Der beste Trostgrund blieb noch schwach;
Denn welch bekümmert Herz besiegt man gleich mit
Gründen?
Es fühlt der starken Gründe Kraft,
Und flieht zurück in seine Leidenschaft,
Um jener Macht nicht zu empfinden.
Alcest beschloß zu seinem Freund zu gehn,
Den er zween Tage nicht gesehn.
Er, sprach er, ist es wert, und fing schon an zu gehn,
Daß ich zu ihm mit meinem Kummer eile,
Und meinen Kummer mit ihm teile;
In Damons Arm, wenn Damon mit mir spricht,
Wird die Geduld, die sonst so schwere Pflicht,
Mir lange so beschwerlich nicht.

Er eilt mit sehnsuchtsvollem Herzen,
Wie nach dem Arzt ein Siecher, der sonst schleicht,
In Hoffnung schneller geht, und hoffend seine
Schmerzen
Nicht fühlt, noch merkt, wie sehr er keucht,
Bis er des Arztes Haus erreicht.

In diesem brennenden Verlangen,
Den treuen Damon zu umfangen,
Tritt er ins Haus und eilt die Treppe schnell hinauf.
Der Vorsaal wimmelte von Leuten,
Alcest erschrickt. »Gott! was soll das bedeuten?«
Er tritt herein; und seht, man bahrt den Damon auf.

Er kehrte von dem toten Freunde
Nach einem letzten Kuß zurück.
Die Sorgen, seiner Ruhe Feinde,
Entwichen in dem Augenblick.
Was, sprach er, will ich mich denn quälen?
Kann mich der Tod so bald entseelen,
Was nützt mir alles Glück der Welt?
Um froh zu sterben, will ich leben.
Der Herr, der alles Fleisch erhält,
Wird mir, soviel ich brauche, geben.
Ihm wert zu sein, der Tugend nachzustreben,
Dies sei mein Kummer auf der Welt!

Der wunderbare Traum

Aus einem alten Fabelbuche
(Der Titelbogen fehlt daran,
Sonst führt ichs meinen Lesern an),
Aus dem ich mich Rats zu erholen suche,
Wenn ich selbst nichts erfinden kann;
Aus diesem alten deutschen Buche,
Das mir schon manchen Dienst getan,
Will ich mir einen Traum erwählen.

Als ich einmal, so fängt mein Autor an,
Nach seiner Weise zu erzählen,
In einer Kirche saß, so fiel mir jähling ein:
Wer mag von so viel tausend Seelen,
Die diesen Ort zu ihrer Andacht wählen,
Doch wohl die frömmste Seele sein?
In den Gedanken schlief ich ein,
Und sah im Traum vor mir des Tempels Schutzgeist stehen,
»Du«, sprach er, »wünschest dir, das frömmste Herz zu sehen?«
Und rührte mein Gesicht mit seiner Rechten an.
Mir kam, sobald er dies getan,
Ein sanfter kalter Schauer an.
Und plötzlich sah ich mich in heilgem Glanze stehen.
»Fang an«, sprach er, »die Kirche durchzugehen.

Der

Der wunderbare Traum

Der, den dein Glanz so rührt, daß er dich dreimal
küßt,
Der hat das frömmste Herz, das hier zu finden ist.«

Ich ging, um es recht bald zu wissen,
In dem empfangnen Glanz hart vor der Sakristei
Einmal, und noch einmal, vorbei,
Weil mir es schien, als wolle man mich küssen.
Ich wartete noch eine gute Frist,
Und ward einmal; allein ganz kalt, geküßt.

Ich ging darauf in die Kapellen,
In denen ich die frömmsten Mienen fand,
Und alles schien sich aufzuhellen,
Man lächelte, man tat galant
Und küßte mir zur Not die Hand.

Drauf ließ ich mich auf einer höhern Bühne
Gesichtern, voll von Ernst und tiefer Weisheit, sehn.
Ich blieb ein feines Weilchen stehn.
Sie sahn mich an, und machten eine Miene,
Als ob sie sich an mir schon satt gesehn.
Und ungeküßt mußt ich von dannen gehn.

Ich stellte mich nun vor die niedern Stände.
Hier warfen mir viel weiße Hände,
Da einen Kuß, dort einen zu.
Ich ließ mein Auge lange fragen:
Ach, gutes Herz! wo wohnest du?
Allein man wollt es nicht, mich zu umarmen, wagen,
Und ich ging ganz betrübt auf meinen Schutzgeist zu.
Mein traurig Schicksal ihm zu klagen.
Indem, daß ich noch durch die Halle schlich,
Sah mich, in einem schlechten Kleide,

Ein

Ein liebes Mädchen an, und seht, sie küßte mich
Mit einer plötzlichen und unschuldsvollen Freude.
Und eh ich noch von ihr den dritten Kuß erhielt:
So fühlt ich schon die selgen Triebe
Der Redlichkeit und Menschenliebe
So stark in mir, als ich sie nie gefühlt.
Ein Mädchen, rief ich aus, an das die Welt kaum dachte,
Besitzt das beste Herz! Ich rief es, und erwachte.

Der Polyhistor

An jenem Fluß, zu dem wir alle müssen,
Es mag uns noch so sehr verdrüßen,
An jenem Fluß kam einst ein hochgelehrter Mann,
Bestäubt von seinen Büchern, an,
Und eilte zu des Charons Kahn.
»Willkommen!« fing der Fährmann an,
Indem er sich aufs Ruder lehnte,
Und bei dem Wort Willkommen herzlich gähnte,
»Wer seid Ihr denn, mein lieber Mann?«
»Ein Polyhistor«, sprach der Schatten,
»Für den die Schulen Ehrfurcht hatten –«
Indem er noch vor Charons Kahn
Von seinen Sprachen sprach, von nichts als Stümpern redte,
Und von Quartanten schrie, die er geschrieben hätte,
Kam noch ein andrer Schatten an,
Mit einer demutsvollen Miene.
»Und wer seid Ihr, auch ein gelehrter Mann?«
»Ich zweifle sehr«, sprach er, »ob ich den Ruhm verdiene.
Ich habe nichts als mich studiert.
Nichts als mein Herz, das mich so oft verführt,

Des

Der Polyhistor

Des Tiefe sucht ich zu ergründen,
Um meine Ruh und andrer Ruh zu finden;
Allein soviel ich immer nachgedacht,
Und so bekannt ich mich mit der Vernunft gemacht:
So hab ichs doch nicht weit gebracht,
Wie mich viel Fehler überzeugen.«

Der Polyhistor hörts und lacht,
Und eilt, um in den Kahn zuallererst zu steigen.
»Zurück!« rief Charon ziemlich hart,
»Ich muß zuerst den Klugen überfahren,
Kaum einer kömmt in hundert Jahren;
Allein an Leuten Eurer Art,
Die stolze Polyhistor waren,
Hab ich mich schon bald lahm gefahren.«

Die Nachtigall und und der Kuckuck

Die Nachtigall sang einst ihr göttliches Gedicht,
Zu sehn, ob es die Menschen fühlten.
Die Knaben, die im Tale spielten,
Die spielten fort und hörten nicht.
Indem ließ sich der Kuckuck lustig hören,
Und er erhielt ein freudig Ach.
Die Knaben lachten laut, und machten ihm zu Ehren
Das schöne Kuckuck zehnmal nach.
»Hörst du?« sprach er zu Philomelen,
»Den Herren fall ich recht ins Ohr.
Ich denk, es wird mir nicht viel fehlen,
Sie ziehn mein Lied dem deinen vor.«
Drauf kam Damöt mit seiner Schöne.
Der Kuckuck schrie sein Lied. Sie gingen stolz vorbei.
Nun sang die Meisterin der zauberischen Töne
Vor dem Damöt und seiner Schöne,
In einer sanften Melodei.
Sie fühlten die Gewalt der Lieder.
Damöt steht still, und Phyllis setzt sich nieder,
Und hört ihr ehrerbietig zu.

Ihr

Die Nachtigall und der Kuckuck

Ihr zärtlich Blut fängt an zu wallen;
Ihr Auge läßt vergnügte Zähren fallen.
»O«, rief die Nachtigall, »da, Schwätzer, lerne du,
Was man erhält, wenn man den Klugen singt.
Der Ausbruch einer stummen Zähre
Bringt Nachtigallen weit mehr Ehre,
Als dir der laute Beifall bringt.«

Weisheit und gute Neigungen

Christian Fürchtegott Gellert kam 1741 erneut nach Leipzig, nun mit dem innigen Wunsch, hier seinen endgültigen Wohnsitz zu nehmen. Nach seinen vorwiegend theologischen Studien in der Messestadt hatte er als Lehrer und Erzieher gearbeitet, zuletzt in der Familie seines ältesten Bruders, Friedrich Leberecht, dem späteren sächsischen Oberpostkommissar.

Hier in Leipzig hatte Gellert seinen Freundeskreis, zu dem der Satiriker Rabener, die Brüder Johann Adolf und Johann Elias Schlegel, Gärtner, Gleim, Cramer und Zachariä gehörten. Diese jungen Männer waren fest entschlossen, die den Musen offenherzig zugewandte Stadt für sich zu gewinnen, und in deren Boden war in der Tat gut Wurzeln schlagen.

Leipzig war zu jener Zeit, so sagt man, die geistige Hauptstadt Deutschlands. Ein Mann, der in dieser Zeit einen großen Anteil am intellektuellen Gepräge der sächsischen Metropole hatte, war Johann Christian Gottsched, dessen »Versuch einer kritischen Dichtkunst« auf Gellerts Literaturverständnis nachhaltig wirkte, auch noch als er und seine Freunde sich von Gottsched abgewandt hatten. Denn der nackten Wahrheit ein Kleid zu geben, welches sie für jedermann annehmbar machte, war nicht nur für Gellert der moralisch-ästhetische Sinn der Poesie.

Die bürgerliche Lebensweise, die sich in der ersten Hälfte des 18. Jahrhunderts spürbar kraftvoll entfaltete, stand auch mit ihrer sich entwickelnden Moral objektiv im Widerspruch zum feudalen Selbstverständnis des ancien régime in den deutschen Teilstaaten. Die Erörterung von Tugenden und Lastern fand ein zunehmendes Interesse, doch Gottscheds Rezept für die bourgeoise Oberschicht empfahl, sich in die bestehende Ordnung bestmöglichst einzupassen und so zur Glückseligkeit zu gelangen. Fabula docet: Assimilation, nicht Rebellion, schon gar nicht Revolution.

Der Katalog für Tugenden und Laster kam zu dieser Zeit aus dem wirtschaftlich und politisch fortgeschrittenen England. Die zu Anfang des 18. Jahrhunderts erschienenen Zeitschriften »Tatler«, »Spectator« und »Guardian« waren die Vorbilder für Periodika wie »Die vernünftigen Tadlerinnen« oder den »Biedermann«, die Gottsched herausgab.

Vor allem seine Frau, Luise Adelgunde Viktorie, die Gottschedin, wirkte durch ihre fleißige und geistreiche Arbeit als Herausgeberin und Übersetzerin westeuropäischen Gedankengutes, moderner Dichtung und Publizistik, auf das zeitgenössische bürgerliche Selbstverständnis anregend.

So kamen aus Leipzig folgenreiche ideelle Impulse, die das Interesse der deutschen Geistesschaffenden am kulturellen Fluidum der Stadt stets wachhielten. Die Neuberin hatte hier mit Unterstützung Gottscheds ein wesentliches Kapitel deutscher Theatergeschichte geschrieben. Durch die Aufführung einiger seriös komponierter Dramen komplimentierte sie den Hanswurst von den Brettern, die die Welt bedeuten. Der hoffnungsvolle Anfang einer Anhebung der Ansprüche des bürgerlichen Publikums an theatralische Leistung war aber

 auch

auch verbunden mit der Negierung des plebejischen Oppositionsgeistes, der nicht in das Glückseligkeitskonzept Gottscheds paßte.

Ungeachtet dessen pulsierte in Leipzig ein moderates Leben, weniger ernst und nicht geschäftig. Wer hierher kam, spürte sehr bald den Unterschied zum gestrengen Halle oder zum kommerziellen Hamburg. Die Stadt an der Pleiße hatte Poesie und reizte zum poesievollen Betrachten.

In jenem Jahr, als Gellert sich hier niederließ, begründete Johann Joachim Schwabe, ein getreuer Gefolgsmann Gottscheds, eine Monatsschrift mit dem seinerzeit gewiß nicht ungewöhnlichen Titel »Belustigungen des Verstandes und des Witzes«. Das Blatt erschien bis in das Jahr 1745, und während dieser Zeit veröffentlichte Gellert darin vierunddreißig Fabeln und Erzählungen.

Johann Andreas Cramer, Gellerts Freund und erster Biograph, schrieb: »In jedem neuen Stück sah man zuerst nach, ob eine Fabel oder Erzählung von Gellert darin wäre. Überall las man diese, las sie wieder und wußte sie auswendig.«

Es gibt keinen Grund, an dieser Aussage zu zweifeln. Doch notwendigerweise muß hinzugefügt werden, daß die Texte aus den »Belustigungen« noch bei weitem nicht die sprachliche Gefälligkeit hatten, die Gellerts spätere Fabelsammlungen auszeichneten. Was er übernahm, wurde ausnahmslos überareitet. Die ersten beiden Bücher, die wir in diesem Band abdrucken, enthalten nur fünf Texte, die aus den »Belustigungen« übernommen wurden. Die Qualität der Sprache und Komposition, die dann jene ungewöhnliche Ausstrahlungskraft der Gellertschen Fabeldichtung hervorbrachte, war das Ergebnis der kollegialen und kritischen

Zusammenarbeit mit den Bremer Beiträgern, jenen Autoren, die sich vom ästhetischen Dogmatiker Gottsched zu befreien suchten, indem sie ein unabhängiges Publikationsorgan schufen, das in Bremen erschien. Zu ihnen gehörte auch Klopstock.

Breitenwirkung entsprach von Anbeginn dem Gellertschen Literaturverständnis: »Mein höchster Ehrgeiz besteht darin, daß ich den Vernünftigen dienen und gefallen will und nicht den Gelehrten im engen Verstande. Ein kluges Frauenzimmer gilt mir mehr als eine gelehrte Zeitung, und der niedrigste Mann von gesundem Verstande ist mir würdig genug, seine Aufmerksamkeit zu suchen, sein Vergnügen zu befördern und ihm in einem leicht zu behaltenden Ausdrucke gute Wahrheiten zu sagen und edle Empfindungen in seiner Seele rege zu machen.« Dieses Konzept unterschied sich sehr vom Dichtungsverständnis des vorangegangenen Jahrhunderts, als die Literatur und der Umgang mit ihr eine akademische Angelegenheit war.

Aber es hob sich auch vom klassischen Konzept Schillers und Goethes ab, welches später, an der Jahrhundertwende, die Abkehr von unmittelbarer aufklärerischer Breitenwirksamkeit und Fürstenerziehung postulierte.

Bevor eine Prüfung erfolgen kann, die untersucht, ob Gellert seine wohlgemeinten Absichten verwirklichen konnte, muß etwas zu seiner außerliterarischen Wirksamkeit gesagt werden, ohne die die literarische kaum verständlich ist.

Auf Drängen der Universitätsleitung nahm Gellert 1751 eine außerordentliche Professur an. Gegenstand seiner Vorlesungen waren Beredsamkeit, Poesie und Moral. Der Zustrom von Studenten und Zuhörern aus der Bevölkerung war enorm. Gellert las zumeist vor einem mehr als vierhundertköpfigen Auditorium. Innerhalb von nur wenigen Jahren war er zu einer Instanz in Sachen Tugend geworden. Zum Leidwesen seiner Kritiker die Instanz in Deutschland.

Wir haben eingangs das erwachende Interesse der spätfeudalen Gesellschaft konstatiert, sich mit Fragen der Moral und der Lebensweise überhaupt zu beschäftigen. Die Ursachen ruhten letztlich in der Unterwanderung der einstmals dominierenden sozialen Strukturen durch Kapital, Produktion, Handel und Wandel. Kapitalbesitz und Qualifikation der Arbeitskraft, vor allem der Grad ihrer Verfügbarkeit begannen den gesellschaftlichen Wert der Standeszugehörigkeit zu bedrängen, ihn fragwürdig zu machen. Die ständische und religiöse Moralhierarchie erwies sich auch als Hindernis für die freie Entfaltung der Produktivkräfte. Das bürgerliche, aber auch das plebejische Individualitätsbewußtsein war seit langem schon aus dem Stadium des Keimens herausgewachsen. Es orientierte sich weiter an der religiösen Ethik, doch sah es nicht mehr den Menschen als Marionette, die von einem unergründlichen göttlichen Ratschluß bewegt wurde, sondern der einzelne Mensch begann ein partnerschaftliches Verhältnis zu einem Gott herzustellen, den er in den natürlichen Gegebenheiten der Welt erblickte.

Das Nachdenken über Tugend und Laster zur eigenen Sache zu machen hatte also einen existenziellen Sinn für die aufstrebende Bourgeoisie. Es geriet erst in den Hintergrund, als der Rahmen der bestehenden gesellschaftlichen Ordnung für die umfassende Entfaltung des Kapitals und seiner geistig-kulturellen Vorhut zu eng wurde und weltanschaulich-politische Fragestellungen eine Lösung verlangten. Lange Zeit am wenigsten in Konflikt mit den kleinstaatlichen feudaldespotischen

Bedingungen kam die bürgerliche Mittelklasse, Beamte, protestantischer Klerus, Kleinproduzenten usw. Ihr wollte Gellert Weisheit und gute Neigungen für ein moralisch unbeschwertes, glückverheißendes Leben unter widerspruchsvollen Bedingungen vermitteln, in denen die mittelalterlichen Lehren bereits nicht mehr galten oder zumindest fragwürdig geworden waren.

Selbstverständlich konnte er kein widerspruchsfreies Konzept entwickeln, doch lassen die moralisierenden Grundgedanken seiner Fabeln und Erzählungen auch nicht den Schluß zu, er habe von Fall zu Fall neu entschieden.

Lebensführung im Sinne der »Praxis pietatis« war gefragt, und Gellert kam den Menschen noch ein Stück näher, denn er war kein Pietist im strengen Sinne der schwäbischen und hallischen Schule. Sein Tugendbegriff war frei von Weltverachtung, rein und dennoch unverdrossen; er hatte Verständnis für die »ewigen« Schwächen des Menschen.

Er stieß seinen Leser nicht vor den Kopf und führte ihm dennoch die Bedenklichkeit der kleinen Alltagslaster vor Augen. Eine besondere Vorliebe hatte er für die Schwächen des weiblichen Geschlechts. Seine diesbezügliche satirische Darstellung stand in der Tradition der frühbürgerlichen Literatur. In dieser Hinsicht wirkte er nicht nur belehrend, sondern bewußt unterhaltend.

Die unbedenkliche Annehmbarkeit des moderaten Tugendbegriffes, den Gellert lehrte, wurde durch das äußere Erscheinungsbild des Professors wirkungsvoll befördert. Gellert war von einer schwachen körperlichen Konstitution, stets kränkelnd und ängstlich. Sein Umgang mit jedermann war durch eine ungekünstelte Ehrerbietigkeit, natürliche Höflichkeit, Rücksichtnahme

und

und Kulanz gekennzeichnet. Der Mann, der, am Katheder des Hörsaales sich festhaltend, von der Reinheit und Reinhaltung der Sitten sprach, tat das mit einer weinerlichen Stimme, die so schwach war, daß sie augenblicks zu erlöschen drohte. Aber gerade diese Fragilität verlieh ihm die seine Gesinnung erhöhende Imposanz.

Sein Biograph Cramer gab u. a. den Wortlaut einiger sehr nachdrücklich formulierter Sätze wieder, mit denen sich Gellert in höchster Erregung an das Auditorium wandte: »Der Poet muß … stets das Nützliche mit dem Angenehmen verbinden; so wird er gefallen, solange Menschen Menschen sind. Singen Sie, meine Herren, der Vernunft, der Tugend und der Religion zur Ehre, so werden Sie mit Beifall singen, wofern Sie zugleich schön singen. Ich verspreche Ihnen im Namen der Zukunft Ehre und Unsterblichkeit … Ehren Sie Gott durch Ihre Poesie; ich bitte Sie als meine Freunde und Brüder, ehren Sie ihn dadurch, daß Sie Weisheit und gute Neigungen unter den Menschen ausbreiten.«

Neben seinen Vorlesungen war die umfängliche Korrespondenz, die Gellert führte, eine weitere Quelle, die seine Popularität beförderte. Böse Zungen behaupteten, es gab zu dieser Zeit kaum eine Pfarrerstochter in Deutschland, die nicht wenigstens einen Brief vom Professor erhalten hätte. Wahr ist, daß Gellert sehr an seinen Briefkontakten hing, ihnen eine sehr große Bedeutung beimaß; er wollte sie auch im Alter nicht abbrechen, weil, wie Cramer schrieb, er wußte, daß seine Schreiben den Empfängern lieb und nützlich waren.

Offensichtlich genossen es seine Zeitgenossen, daß ein Mensch unter ihnen war, der eine Autorität besaß, die sonst nur Gott zugebilligt wurde. Auch diese Erkenntnis, wonach Rat, Trost und Beistand auch vom Mitmenschen zu erwarten sein können, gehört in den historischen Kontext des wachsenden humanen Selbstvertrauens in eine vorwiegend irdische Bestimmung des Glücksanspruchs. Es ist deshalb aufschlußreich, in welchen Angelegenheiten der Professor zu Rate gezogen wurde.

»Väter wollten von ihm wissen, wie sie ihre Söhne erziehen, Mütter, wie sie ihre Töchter bilden, junge Frauenzimmer, was sie über diese und jene Anträge zur Verheiratung für Entschließungen fassen, Jünglinge, wie sie studieren, Zweifler, wie sie ihren Unglauben, und viele aus der großen Welt, wie sie den Gefahren und Versuchungen derselben entgehen oder widerstreben sollten, und Gellert stand einem jeden mit Unterricht, Rat, Beruhigung, Ermunterung, Belehrung, Trost und Fürbitte bei.« So schrieb es Cramer auf.

Die Briefkultur strebte ihrer Blüte entgegen, anders gesagt, das Kommunikationsbedürfnis wuchs. Ist es verwunderlich, daß auch Gellert ein Büchlein mit Ratschlägen und Hinweisen für das Abfassen gefühlvoller Briefe verfaßt hat?

Doch Gellert erhielt außer Briefen auch Geschenksendungen. Es war allgemein bekannt, daß sein Gehalt als Professor mehr als dürftig war, auch die damaligen Honorare waren gering, so daß sein Verleger Wendler zwar ein Vermögen mit den Fabeln und Erzählungen verdiente, Gellert sich aber mit einigen Talern begnügen mußte. Man wußte einfach, der Dichter war auf Geschenke angewiesen, und machte sie ihm. Der Bauer brachte ihm winters Holz auf den Hof, und der sächsische König schenkte ihm ein Pferd.

Goethe, der das Phänomen Gellert während seiner Leipziger Studententage erlebte, erinnerte sich in »Dichtung und Wahrheit«. Er hatte erwogen, den Professor im Hinblick auf religiöse Gewissensbisse um Rat

zu

zu bitten, ließ dann aber doch davon ab. Er gehörte schon einer Generation an, die sich nicht so leicht assimilieren konnte und wollte. Mit guten Worten war die innere Ruhe weder herzustellen noch zu bewahren. Der Tatmensch trat auf den Plan. Zwar hatte sich »der große Geist von Weimar«, als er sich erinnerte, auch schon beruhigt, dennoch ist seine Betrachtung bei allem Respekt recht distanziert: »Das philosophische Auditorium war in solchen Stunden (Vorlesung Gellerts – A. Z.) gedrängt voll, und die schöne Seele, der reine Wille, die Teilnahme des edlen Mannes an unserem Wohl, seine Ermahnungen, Warnungen und Bitten, in einem etwas hohlen Tone vorgebracht, machten wohl einen augenblicklichen Eindruck; allein er hielt nicht lange nach, um so weniger, als sich doch manche Spötter fanden, welche diese weiche und, wie sie glaubten, entnervende Manier uns verdächtig zu machen wußten. Ich erinnere mich eines durchreisenden Franzosen, der sich nach den Maximen und Gesinnungen des Mannes erkundigte, welcher einen so ungeheuern Zulauf hatte. Als wir ihm den nötigen Bericht gegeben, schüttelte er den Kopf und sagte lächelnd: ›Laissez le faire, il nous forme des dupes.‹« Der Franzose war also der Meinung, man solle Gellert nur machen lassen, er bilde Narren heran. Ein hartes Urteil. War womöglich der Lehrer selbst …? Gewiß nicht! Gellert gehörte zu den bedeutendsten Köpfen seiner Zeit, und die bis in unsere Tage reichende Beschäftigung mit seinem Werk kann nicht nur vom literaturgeschichtlichen Interesse herrühren oder vom Amüsement der Lektüre.

Noch im vergangenen Jahrhundert wurde für den, der sich über die Scholle der Unbildung erhob, Gellert zum literarischen Erlebnis. Das lag nur zum einen an der vorbildlichen Geschmeidigkeit der Sprache und dem wohltuenden Plauderton, zum andern aber auch daran, daß zwischen der vermittelten ›Botschaft‹ des Dichters und den gesellschaftlichen Grunderfahrungen seiner Leser ein relativer Konsens bestand. Gellert wurde verstanden.

Seine Muse beharrte auf dem Mittelmaß. Mittelmäßigkeit war in den Augen Gellerts keine Schande, sondern eine erstrebenswerte Tugend, erklärtermaßen eine entscheidende Voraussetzung für das Lebensglück in der spätfeudalen Gesellschaft. Der Mensch, der glücklich und zufrieden leben wollte, besonders im Hinblick tugendsamer Aufrichtigkeit, mußte sich bescheiden. Der Griff nach den Sternen, nach einem hohen Amt, nach Reichtum und Wohlstand war unvereinbar mit moralischer Integrität. Solche Lebensideale waren verwerflich, und der Alltag gab Autor und Leser recht. So ist Gellert zu verstehen, wenn er zum Ausdruck brachte, daß diejenigen, die in der Hierarchie ganz oben standen, ihren Aufstieg verfluchten, der ihnen letztendlich nur die Angst vor dem Fall beschert hatte, vor dem der Glanz der Position verblaßte. So lesen wir es bei »Damokles«: »Glaubt nicht, daß bei dem größten Glücke/Ein Wütrich jemals glücklich ist./Er zittert in dem Augenblicke,/Da er der Hoheit Frucht genießt.« Zu einer ähnlichen Aussage kommen die Texte »Monime« und »Der junge Drescher«.

Auch der ideelle Wert des Ruhmes wurde von Gellert negiert. Denn Ruhm zu erlangen war mit moralischem Verlust verbunden. Gellert bezweifelte in Übereinstimmung mit seinen empirischen Erkenntnissen den Sinn des gesellschaftlichen Engagements. Selbst ein Veränderer errege zwar anfangs Aufsehen, stehe am Ende jedoch allein und geschmäht. Um nicht nur den Willen, über das Mittelmaß hinauszugelangen, zu verwerfen, mußte

Gellert auch denjenigen, die Einsatz forderten, die Qualifikation, moralische Werturteile zu fällen, absprechen. Man lese unter diesem Gesichtspunkt nochmals die Stücke »Der Zeisig« und »Der Freigeist«. Lesergeneration um Lesergeneration pflichtete dieser Erkenntnis bei. Worin aber sah der Dichter die Alternative, den Sinn des Menschseins? Im Streben nach wahrhafter Tugend, in einem unbelasteten Gewissen, Mitleid und Nächstenliebe, besonders aber in der Redlichkeit, denn er verachtete und verurteilte alle Formen des Pharisäertums.

Wie soll man nun den Umstand bewerten, daß von den vielgelesenen Texten des Dichters kaum Impulse für das spätere geistige Leben ausgingen. Es sei denn, man sähe in Ignoranz oder Opposition förderliche Reaktionen, denn der nachwachsende Sturm und Drang nahm Gellert bestenfalls nicht zur Kenntnis, »um nicht irre an ihm zu werden ...«, wie Goethe schrieb. Er und seine Gefährten besuchten seine Vorlesungen nicht mehr. »... doch grüßten wir ihn immer auf das beste, wenn er auf seinem zahmen Schimmel einhergeritten kam. Dieses Pferd hatte ihm der Kurfürst geschenkt ... eine Auszeichnung, die ihm nicht leicht zu verzeihen war.«

Der Geist des Prometheus kündigte sich an, das Bestreben, selbst Gott zu sein, Normen außer acht zu lassen, die den Drang nach Wissen und Weltbeherrschung behindern könnten. Der Mahner Gellert, »ein seichter Schriftsteller«, wurde von der geistigen Elite übergangen, die sich als solche auch verstand. Sie überließ ihn den seichten Köpfen, der Masse, die »immer die Mehrheit des lesenden Publikums« bilden werde.

Es sei schließlich die Frage erlaubt, wie der Dichter, der Weisheit und gute Neigungen verbreiten wollte,

 durch

durch sein vorliegendes Werk auf einen heutigen Leser noch wirken kann? Dieser kann ihm zumindest mehr attestieren als das Verdienst, wonach von seiner Fabeldichtung »ein ganz natürlicher Fortschritt zu besserer Poesie« ausgegangen sei.

Was im 18. und 19. Jahrhundert fast völlig unberücksichtigt blieb, ist der Umstand, daß Gellert stärker als andere Autoren seiner Zeit die unmittelbar erlebte Wirklichkeit in seine Dichtung aufnahm und mit ihr eine Reihe von Widersprüchen, die weit über den historischen Konnex hinaus wirkten. Durch die Art und Weise, wie Gellert diese in konkrete Erscheinungen gefaßten Widersprüche in einer Reihe von Texten erfaßte, hat er sich, objektiv betrachtet, in eine Traditionslinie gestellt, die den dominierenden rationalen Charakter der geistigen Aufklärung kritisch hinterfragte. Er stand dort gewiß nicht an exponierter Stelle wie der Philosoph Immanuel Kant, der formulierte: »Ich muß mein Wissen begrenzen, um für den Glauben Platz zu bekommen.«, aber sein Versuch, den Dualismus von Verstand und Vernunft in der Einheit von Weisheit und guten Neigungen aufzuheben, verdient heute eine Beachtung, die ihm die zeitgenössischen »genialen« Denker versagten.

Für die gegenwärtig eklatante Kluft zwischen Rationalität und Moralität das Zeitalter der Aufklärung verantwortlich zu machen resultiert aus einer einseitigen Betrachtung seines Einflusses auf die Entwicklung der Naturwissenschaften. Zumindest die notwendige Gleichrangigkeit von ethischen und wissenschaftlichen Umgangsformen und -normen mit Natur und Gesellschaft steht heute schon vielfach außer Zweifel. Der humanistische Geist, der aus dem Gedanken Gellerts spricht, Gott »hoch über die Vernunft erhöht« zu sehen,

als

als Füller des Herzens und Stiller des Gewissens, kann in der Gegenwart dadurch sinnvoll sein, daß der Leser eine Analogie herstellt zwischen Gott, Moral und Humanität. Der krasse Gegensatz zwischen dem Anliegen Gellerts und dem der jungen Genies, den Selbsthelfern des Sturm und Drang, bis hin zum wissenschaftlichen Zeitalter unserer Tage liegt in einem Widerspruch begründet, den Gellert zeitlebens als unlösbar proklamierte: der Endlichkeit der menschlichen Vernunft und der Unendlichkeit der göttlichen Absicht (vgl. »Das Schicksal«). Eine mögliche Form, die derzeitigen Grenzen von Ratio und Moral durchlässiger zu machen, ist eine mehr als nur überlegen rückblickende Beschäftigung mit dem Gedankengut des Zeitalters, in dem unser heutiges Welt- und Menschenbild seine ersten konkreten Züge annahm.

Andreas Zecher

Inhalt

Erstes Buch

Zweites Buch